SDL Trados Studio 2017
upLIFT & AdaptiveMT

FrenT.opia

はじめに

このたびは本書「SDL Trados Studio 2017 upLIFT & AdaptiveMT Manual」を手にしていただき、まことにありがとうございます。

本書では、SDL Trados Studio 2017の新機能である「upLIFTテクノロジー」と「SDL AdaptiveMT」にしぼって作業手順をご紹介しています。

これまで同じ修正作業が何度も発生していたものが、「upLIFTテクノロジー」を使用することで大幅な効率アップが見込めます。
また、自己学習型の機械翻訳である「SDL AdaptiveMT」を使うことで独自の機械翻訳を蓄積し、より精度の高い翻訳物を完成させることが可能になります。

まだSDL Trados Studio 2017の新機能を使いこなせていない方の一助となれば幸いです。
2017年　筆者

本書の読者対象

SDL Trados Studio 2017の基本的な操作方法を習得済みの翻訳会社様、翻訳者様が対象です。

新機能にしぼった手順のご紹介ですので、それ以外の基本的な機能には触れておりません。ご了承ください。

本書を読む上での前提となる知識
基本的なパソコンの操作をマスターしていることが前提となります。
本書ではWindows 7にインストールされたSDL Trados Studio 2017 Professionalを使用して解説を進めていきます。
高度な知識は必要ではありませんが、パソコン初心者向けの解説はしておりません。
フォルダの作成やファイルの場所、Microsoft Office製品の操作などをある程度理解している必要があります。

作業環境
Windows 7
SDL Trados Studio 2017 Professional
Microsoft Word 2007
Micorsoft Excel 2007

POINT　本書内で使用しているサンプルファイルのダウンロード

下記は本書内で使用しているサンプルファイルのダウンロードアドレスです。
→ **http://www.frentopia.com/upliftmanualsample/**

Table of Contents

Chapter 1

upLIFT 機能／ upLIFT Fuzzy Repair を使用する

Section

upLIFT 機能／ upLIFT Fuzzy Repair について

ここではSDL Trados Studio 2017で実装された新機能「upLIFT機能」と
「upLIFT Fuzzy Repair」の概要をご紹介します。
この機能を使用することで、翻訳作業のさらなる効率化が期待できます。

upLIFT機能について

■ upLIFTテクノロジー

「upLIFTテクノロジー」はSDL Trados Studio 2017で実装された新機能で、2017年8月にリリースされたStudio 2017 SR1で初めて日本語・中国語へ対応しました。
翻訳メモリ（TM）内に一致する翻訳単位が見つからない場合でも翻訳メモリ内の語句や断片が検索され、適切な翻訳文を自動生成する機能です。この機能を総称して「**upLIFTテクノロジー**」と呼びます。
この機能を使用すると、従来は文（センテンス）単位で保持されていた翻訳が語句・単語単位で保持されるようになります。

■ 文単位（従来）

The photo printer in initializes and the On/Off button glows green.	写真プリンタが起動し、On ／ Offボタンが緑に光ります。

■ 語句・単語単位（Studio 2017）

The photo printer	写真プリンタが
in initializes and	起動し
the On/Off button	On ／ Offボタンが
glows	光ります
green.	緑に

（SDL社資料引用）

■ upLIFT Fragment Recall

翻訳メモリ内から一致する単語やフレーズを検索し、翻訳メモリ内でどのように使用されたかを参照します。
この機能を「**upLIFT Fragment Recall**」と呼んでいます。

upLIFT Fuzzy Repairについて

■ upLIFT Fuzzy Repair

SDL Trados Studio 2017に実装された2つ目の新機能です。
用語ベースや翻訳メモリなどに保存された翻訳単位を利用してあいまい一致を自動的に修正し、より適切と思われる翻訳を提示します。

■ あいまい一致修正の例

○変更
（「あかみどりのケーブルをプローブに接続してください」）
「あか」→「みどり」に変更

○挿入
（「長いあかのケーブルをプローブに接続してください。」）
「長い」を挿入

○削除
（「あかのケーブルをプローブに接続してください。」）
「あか」を削除

○移動
（「あかのケーブルをあかのプローブに接続してください。」）
「あかの」を「ケーブルを」のうしろに移動

（SDL社資料引用）

Chapter 1　upLIFT機能／ upLIFT Fuzzy Repairを使用する

POINT　upLIFTテクノロジーを使用するには

SDL Trados 2017 SR1以前のバージョンで作成された翻訳メモリをSR1で使用する場合は、必ず**「翻訳メモリのアップグレード」**をする必要があります。

翻訳プロジェクトを作成する段階で翻訳メモリのアップグレードを求められますので、アップグレードを実行するようにしてください。

1左のウィンドウが表示されるので[**はい**]をクリックして、

2翻訳メモリを[**アップグレード**]を実行する。

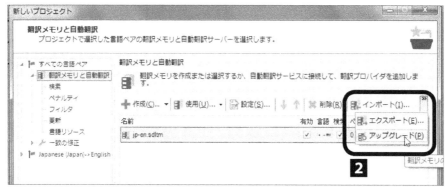

Section

upLIFT機能を使用する準備

upLIFT機能を使用するための準備です。
翻訳メモリをアップグレードし、新規プロジェクトでupLIFT用のフラグメント一致のオプションを設定します。

upLIFT機能を使用するための準備

■ 翻訳メモリの確認

upLIFT機能を使用する際の翻訳メモリを用意します。
今回は既存の翻訳メモリ「**jp-en.sdltm**」を使用します。

1 既存の翻訳メモリ「jp-en.tm」を使用。

登録されている翻訳単位が多いほどupLIFT機能の精度も上がります。今回用意した翻訳メモリには「5228」個の翻訳単位が登録されています。

1 登録されている翻訳単位の数が多ければ多いほど、精度も上がる。

■ 翻訳用の原文ファイルを用意

翻訳用の原文ファイルを用意します。
今回は小説「銀河鉄道の夜」をテキスト化したWordファイル**「銀河鉄道の夜_jp.docx」**を使用します。
なお、使用言語は原文**「日本語（Japanese)」**、訳文**「アメリカ英語（English)」**としています。

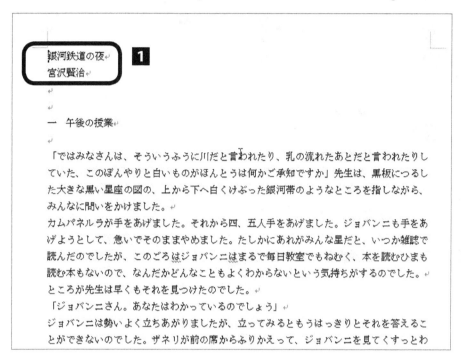

1 宮沢賢治「銀河鉄道の夜」をテキスト化した「銀河鉄道の夜_jp.docx」を使用。

新しい翻訳プロジェクトを作成

新規に翻訳プロジェクトを作成します。プロジェクト名、保存場所を決めて**[次へ]をクリック**します。
なお、プロジェクト名は**「銀河鉄道の夜」**としました。

1 プロジェクト名と、
2 保存場所を決めて、
3 [次へ]をクリック。

■ 翻訳メモリをアップグレード

既存の翻訳メモリ「**jp-en.sdltm**」をプロジェクトに追加します。
翻訳メモリがSDL Trados 2017 SR1以前のバージョンで作成されていた場合、下記のアラートが出てアップグレードを求められます。**[はい]をクリック**して翻訳メモリをアップグレードしましょう。

1 [はい]をクリックして翻訳メモリ（TM）をアップグレードする。

もし上記のアラートで**[いいえ]をクリック**しても、「**翻訳メモリと自動翻訳**」ウィンドウ上でアップグレードすることも可能です。

1 翻訳メモリ「jp-en.sdlm」を確認して、

2 プルダウンメニューから[アップグレード]をクリック。

翻訳メモリのアップグレードが完了したことを確認して、**[次へ]をクリック**して進みます。

1 アップグレードが完了したので、
2 [次へ]をクリック。

内容を確認して、**[次へ]をクリック**して進みます。

1 [次へ]をクリック。

「upLIFT用のフラグメント一致のオプション」を設定する

「プロジェクトの概要」ウィンドウで、作成したプロジェクトの内容を確認します。
確認後、**[プロジェクトの設定]をクリック**してください。

1 [プロジェクトの設定]をクリックする。

[言語ペア]をクリックしてプルダウンし、**[すべての言語ペア]→[翻訳メモリと自動翻訳]→[検索]**と進み、**「upLIFT用のフラグメント一致のオプション」**を表示します。

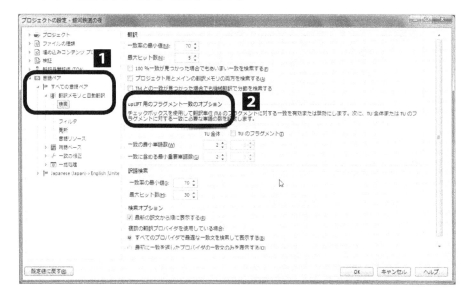

1 [言語ペア]をクリックしてプルダウンし、[すべての言語ペア]→[翻訳メモリと自動翻訳]→[検索]と進む。

2 「upLIFT用のフラグメント一致のオプション」が表示される。

[TUのフラグメント]にチェック☑を入れます。
「一致の最小単語数」項目、「一致に含める最小重要単語数」項目ともに「5」に変更しました。

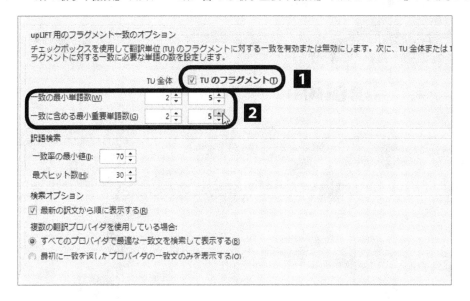

■[TUのフラグメント]にチェック
☑を入れ、

■[一致の最小単語数]項目と「一
致に含める最小重要単語数」項
目を「5」に変更。

POINT　「一致の最小単語数」と「一致に含める最小重要単語数」

「一致の最小単語数」とは、翻訳単位の一致を取得するのに必要な最小限の単語数、「一致に含める最小重要単語数」
とは、翻訳単位の一致を取得するのに必要な重要単語数を指します。
今回はどちらも「5」に設定していますので、翻訳単位が5単語以下の場合はupLIFT機能の検索対象になりません。また、
「一致に含める最小重要単語数」は「一致の最小単語数」以下に設定することもできません。

「プロジェクトの準備」ウィンドウで処理が[完了]したことを確認して、[閉じる]をクリックします。

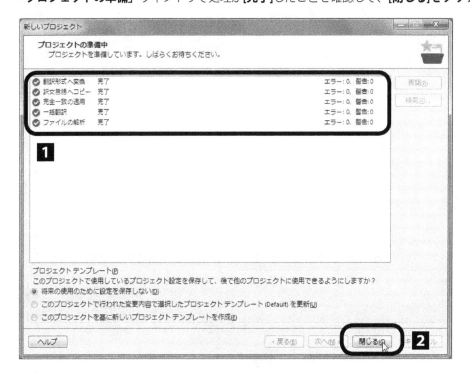

■設定が済んだら「プロジェクト
の準備」ウィンドウに進み、処
理を[完了]させる。

■問題なく完了したことを確認し
て[閉じる]をクリック。

Section

upLIFT Fuzzy Repairの 使用方法

SDL Trados Studio 2017の新機能であるupLIFT Fuzzy Repairのご紹介です。翻訳単位を単語レベルに切り分け、過去の傾向を考慮しながら翻訳の候補を提示します。

upLIFT Fragment Recall と upLIFT Fuzzy Repair を使用する

作成した新規プロジェクト**「銀河鉄道の夜」**を開きます。
一括翻訳の段階で**「100%一致をロック」**する設定にしているので、多くの分節がロックされています。

1 100%一致の分節がロックされている。

upLIFT機能を使いやすいように、ウィンドウのレイアウトを変えます。**「訳語検索」**／**「翻訳結果」**ウィンドウと**「フラグメント一致」**ウィンドウを並列しました。今回は用語ベースを使用していないので、この2つのウィンドウを前面に表示させています。

1「訳語検索」／「翻訳結果」ウィンドウと「フラグメント一致」ウィンドウを並列。

17

upLIFT Fragment Recall

■「フラグメント一致」ウィンドウでupLIFT Fragment Recallを使用

10番目の原文分節に、一致率82%の翻訳単位が見つかりました。
と、同時に「**フラグメント一致**」ウィンドウにもupLIFT Fragment Recall機能によって、翻訳メモリ内から一致する単語やフレーズの検索結果が表示されています。

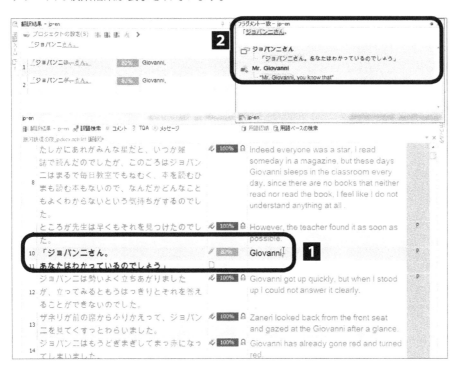

1 一致率82%の翻訳単位が見つかった。

2「フラグメント一致」ウィンドウにも、翻訳メモリ内から一致する単語やフレーズの検索結果が表示される。

使用例を確認し、そのまま使う場合は[**フラグメント一致結果の適用**]をクリックします。

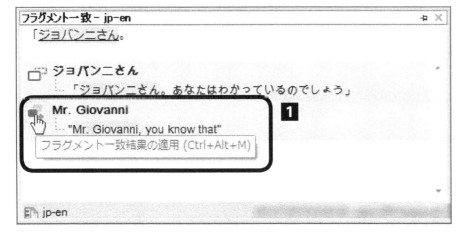

1 使用例を確認し、[フラグメント一致結果の適用]をクリック。

フラグメント一致の結果が挿入されました。

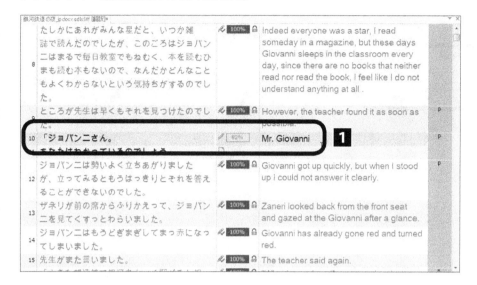

■ フラグメント一致の結果が挿入された。

upLIFT Fuzzy Repair

■「翻訳結果」ウィンドウでupLIFT Fuzzy Repairを使用

続いて「**翻訳結果**」ウィンドウでの**upLIFT Fuzzy Repair**の使用例です。

11番目の原文分節に一致率87%の翻訳単位が見つかりました。

「**翻訳結果**」ウィンドウを見ると、upLIFT Fuzzy Repair機能によってあいまい一致が自動的に修正されていることがわかります。

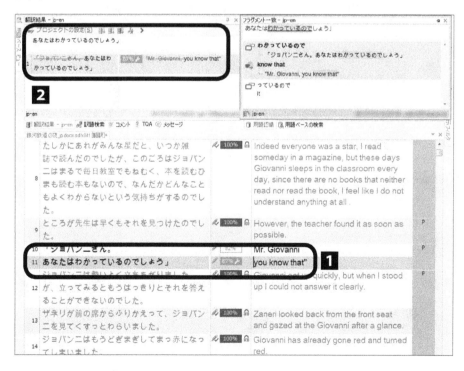

■ 一致率87％の翻訳単位が見つかった。

■ あいまい一致の修正が自動的に行われたことが確認できる。

[upLIFT Repairなしでの翻訳を適用]をクリックすると、upLIFT Fuzzy Repairであいまい一致が修正される前の分節を挿入することができます。

1 [upLIFT Repairなしでの翻訳を適用]をクリックすると、あいまい一致が修正される前の分節を挿入できる。

修正前の分節が挿入されました。

1 修正前の分節が挿入された。

なお、今回はupLIFT Fuzzy Repairによって修正された分節を使用します。文頭の文字を大文字に変えて次に進みます。

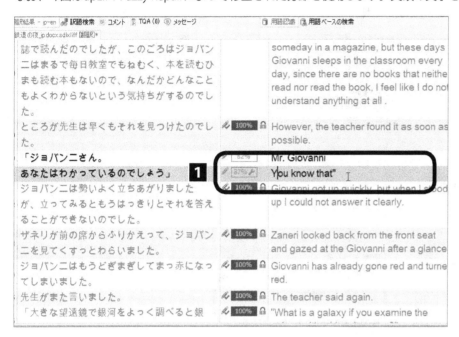

1 文頭を大文字に変更。

■ 予測変換で訳文を入力する

使用中の翻訳メモリ内に同一の単語や翻訳単位が見つかると、予測変換が機能して自動的に候補が表示されます。
ここでは37番目の原文分節に、一致率80%の翻訳単位が見つかりました。

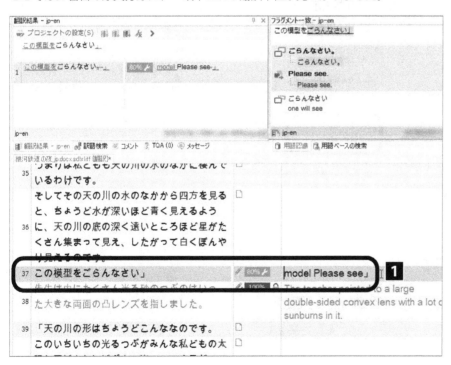

1 一致率80％の翻訳単位が見つかった。

文頭を大文字に変更し、不要なカッコ""を削除。改めて「see」と入力すると、入力の最中に予測変換機能によって候補が表示されます。候補の中から適切なものを選択して挿入します。

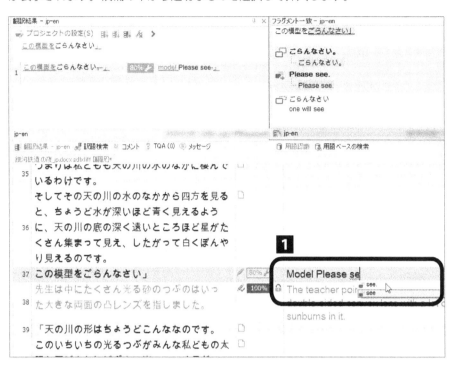

1 入力の最中に、予測変換機能によって候補が表示される。

なお、「**フラグメント一致**」ウィンドウには、使用例が複数表示されることもあります。今回は原文分節「**ごらんなさい**」の使用例が複数見つかりました。ためしに2番目の候補の「**one will see**」**をクリック**してみます。

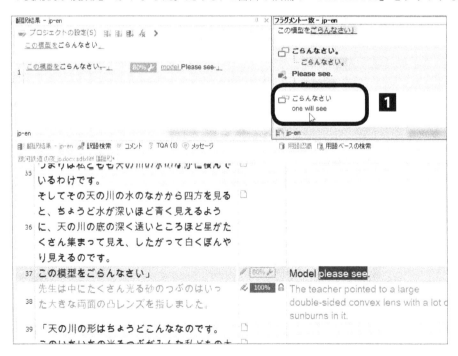

1「フラグメント一致」ウィンドウに複数の使用例が表示されたので、ためしに2番目の候補をクリックしてみる。

候補の翻訳分節が展開されて翻訳単位の全文が表示されます。これによって、翻訳メモリ内で該当の翻訳単位がどのように使用されているかを確認できます。

1 翻訳分節が展開され、翻訳単位の全文を確認できる。

39番目の原文分節には、翻訳メモリ内に翻訳単位は見つかりませんでした。
ですが、「**フラグメント一致**」ウィンドウで該当する使用例が見つかりました。

1 翻訳メモリ内に翻訳単位は見当たらないが、「フラグメント一致」ウィンドウに該当する使用例が見つかった。

2 [フラグメント一致結果の適用] をクリックして、該当の一致結果を挿入する。

「フラグメント一致」 の結果が挿入されました。
文末の **「this.」** が抜けていたので、追加して次に進みます。

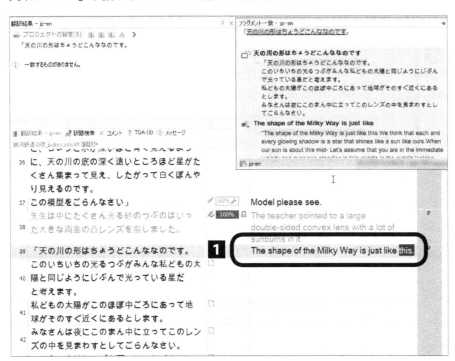

1 「フラグメント一致」の結果が挿入された。文末に「this.」を追加して次に進む。

upLIFT Fragment Recall と upLIFT Fuzzy Repairを使用して翻訳作業を進める

以上を踏まえて、upLIFT Fragment RecallとupLIFT Fuzzy Repairの機能を使用して翻訳作業を進めていきます。
74番目の原文分節に、一致率90％の翻訳単位が見つかりました。

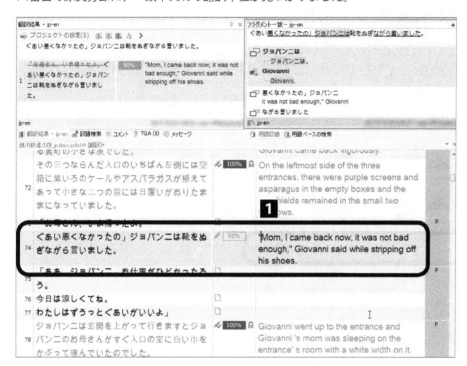

1 一致率90％の翻訳単位が見つかった。

不要部分を削除し、次へ進みます。

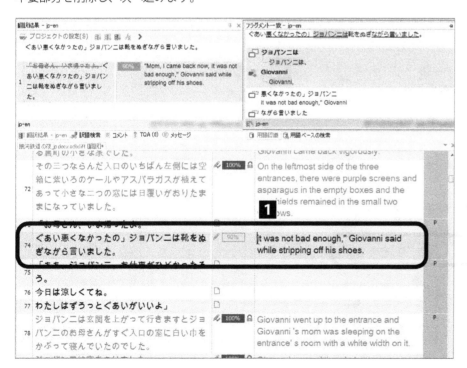

1 不要部分を削除。

25

82番目の原文分節に、一致率72%の翻訳単位が見つかりました。

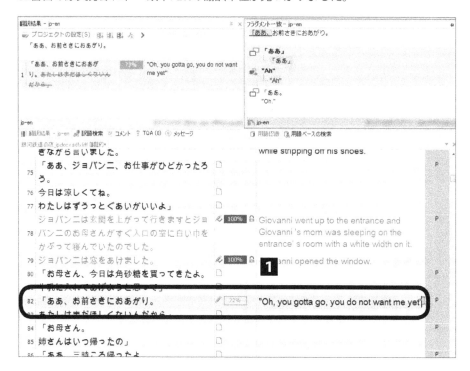

1 一致率72％の翻訳単位が見つかった。

不要部分を削除します。

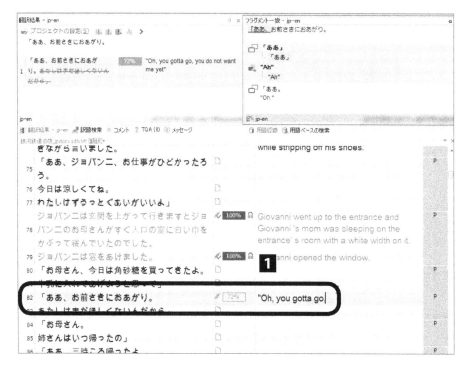

1 不要部分を削除。

さらに「**フラグメント一致**」ウィンドウに表示された候補の中から適切なものを選択、[**フラグメント一致結果の適用**]🖺を**クリック**して挿入します。

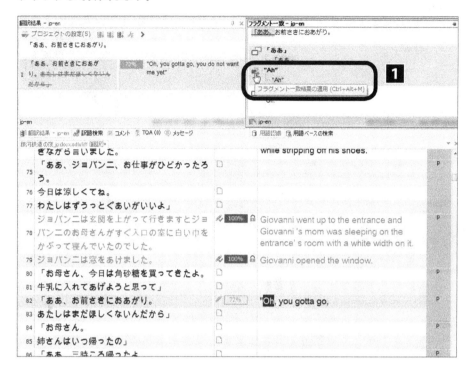

■「フラグメント一致」ウィンドウに表示された候補の中から適切なものを選択。

フラグメント一致の結果が適切に挿入されたことを確認して次に進みます。

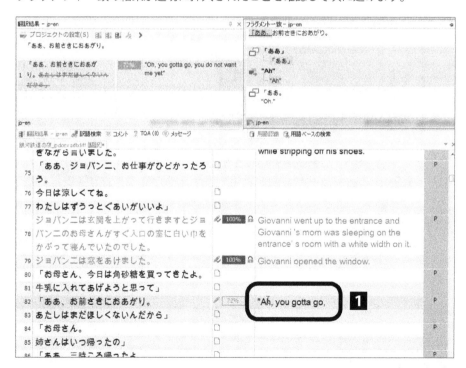

■フラグメント一致の結果が挿入された。

upLIFT Fuzzy Repair機能によるあいまい一致の修正で、一致率88%の翻訳単位が挿入されました。upLIFT Fragment Recall機能によるフラグメント一致の候補も表示されましたが、ここでは使用せずに進みます。

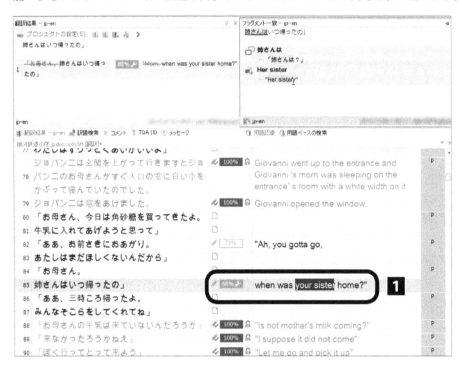

1 upLIFT Fuzzy Repair機能による
あいまい一致の修正がなされ、
一致率88%の翻訳単位が挿入さ
れた。

「フラグメント一致」ウィンドウ内の翻訳単位を全文表示にして、該当の翻訳単位が翻訳メモリ内でどのように使用されているかを確認します。

1 翻訳メモリ内での翻訳単位の使
用例を確認。

ここでは原文分節に相当する翻訳単位がフラグメント一致結果の中に見つかりました。この場合、一部分だけを挿入することはできないので、該当箇所を選択して**右クリック→[コピー]をクリック**します。

1 該当箇所を選択して右クリック →[コピー]をクリックで、挿入 する翻訳単位をコピーする。

該当箇所にペーストします。

1 コピーした翻訳単位をペースト する。

154番目の分節では、一致率85%の翻訳単位が挿入されました。
また、「**フラグメント一致**」ウィンドウではupLIFT Fragment Recall機能による候補が数多く見つかりました。

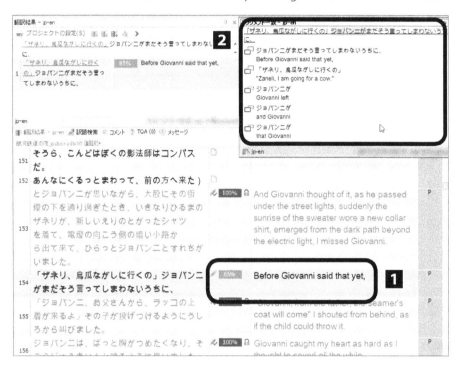

1 致率85%の翻訳単位が挿入された。

2 「フラグメント一致」ウィンドウで数多くの候補が見つかった。

[フラグメントー致結果の適用] **をクリック**して、翻訳メモリ内での使用例を確認します。

1 翻訳メモリ内での使用例を確認。

同じように[**フラグメント一致結果の適用**]をクリックして翻訳メモリ内での使用例を確認し、実際に使用可能な例を探します。

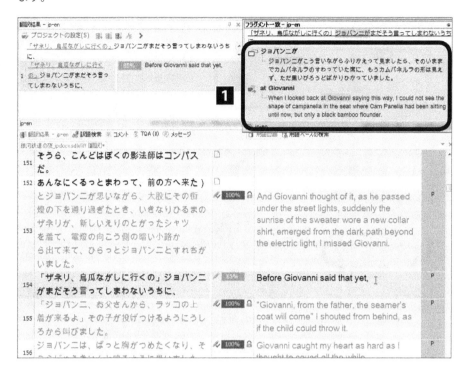

1 翻訳メモリ内での使用例を確認。

ここでは、upLIFT Fragment Recall機能で検索された候補が、183番目の分節の後半にそのまま使用できました（**TUの全体一致**）。

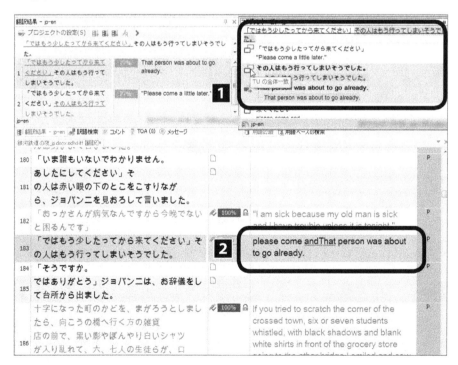

1 TUの全体一致としてそのまま使用。

2 該当箇所に翻訳単位として挿入。

さらに別の候補の中から、183番目の分節の前半に使用できる部分が見つかりました（**TUのフラグメント一致**）。該当箇所に翻訳単位を挿入後、スペースを調整します。

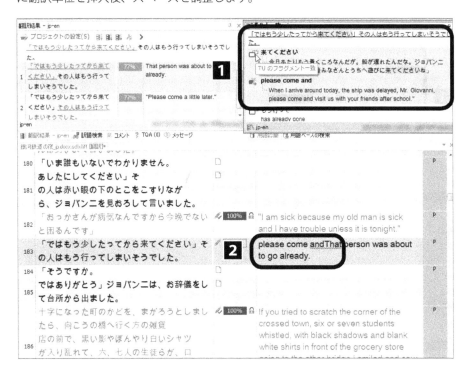

1 別の候補の中からTUのフラグメント一致が見つかった。

2 該当箇所に挿入し、「and」と「That」の間にスペースを入れて調整する。

Section

upLIFT 用のフラグメント一致のオプションの変更

「upLIFT 用のフラグメント一致のオプション」の設定を変更することで、「翻訳結果」「フラグメント一致」に表示される内容を調整することができます。使用言語や文書の内容によって、適当な数値を見つけましょう。

「upLIFT 用のフラグメント一致のオプション」の設定を変更する

翻訳作業を進めていると、「翻訳結果」「フラグメント一致」ともに候補が見つからない場合があります。その場合、「**upLIFT 用のフラグメント一致のオプション**」の設定を変更するとうまくいく可能性があります。

1 「翻訳結果」「フラグメント一致」ともに、候補が1つも見つからない。

[**言語ペア**]→[**すべての言語ペア**]→[**翻訳メモリと自動翻訳**]→[**検索**]と進み、「**upLIFT用のフラグメント一致のオプション**」を表示します。
「**一致の最小単語数**」項目、「**一致に含める最小重要単語数**」項目ともに「**3**」に変更しました

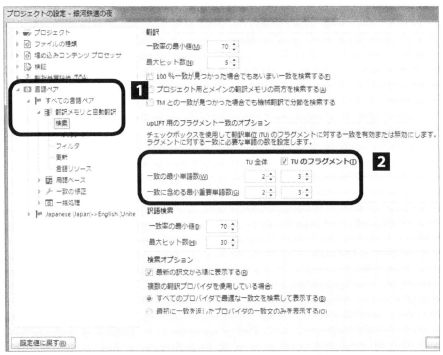

1 [言語ペア]→[すべての言語ペア]→[翻訳メモリと自動翻訳]→[検索]を表示。

2 「upLIFT用のフラグメント一致のオプション」項目で、「一致の最小単語数」項目、「一致に含める最小重要単語数」項目ともに「3」に変更。

設定を変更した状態で翻訳作業を進める

「**一致の最小単語数**」を「**5**」→「**3**」に減らしたことにより、「**フラグメント一致**」ウィンドウに候補が表示されるようになりました。

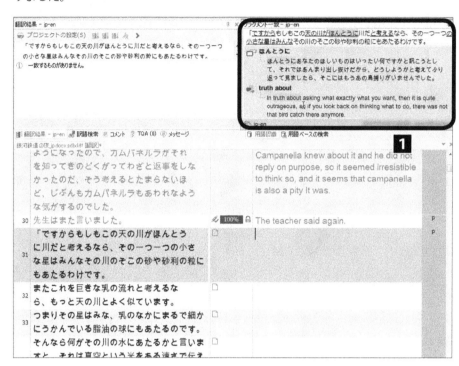

1「upLIFT 用のフラグメント一致のオプション」の設定を変更したことにより、「フラグメント一致」ウィンドウに候補が表示された。

次の分節でも、フラグメント一致の結果が見つかりました。

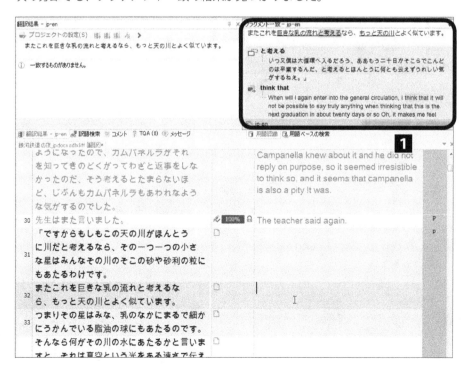

1フラグメント一致の結果が見つかった。

フラグメント一致の結果が見つかりました。

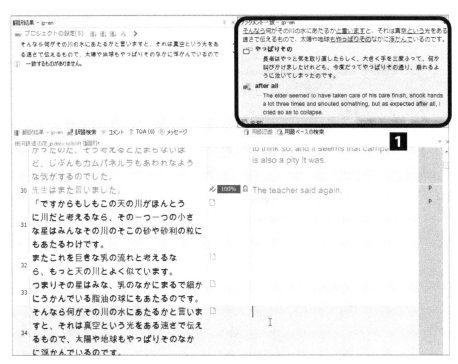

1 フラグメント一致の結果が見つかった。

フラグメント一致の結果が見つかりました。

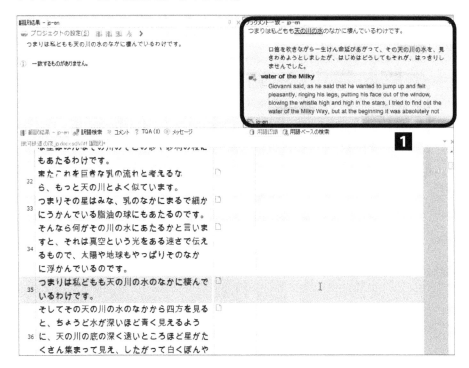

1 フラグメント一致の結果が見つかった。

「一致の最小単語数」 を少なく設定したため、たくさんの候補が細切れで表示されています。

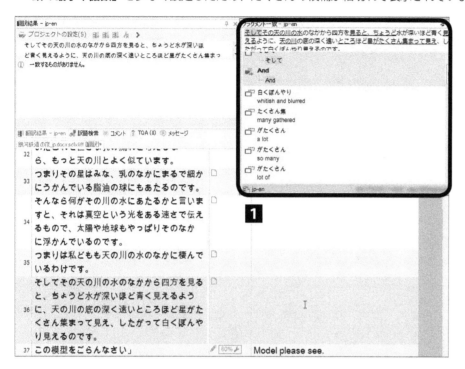

1 たくさんの候補が細切れで表示
されている。

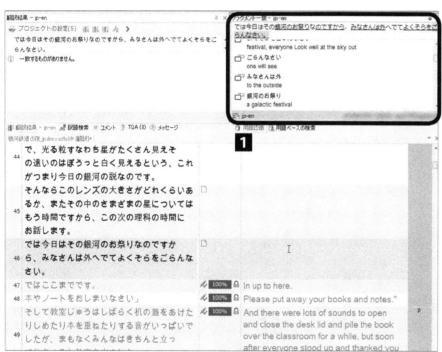

POINT **「一致の最小単語数」** を適切に

このように「一致の最小単語数」を少なく設定すると候補は多く表示されますが、実際に使用できるものが限られ
てしまう可能性があります。各言語ごとに適切な単語数を設定しましょう。

Chapter 2

SDL AdaptiveMT 機能 を使用する

Section

SDL AdaptiveMT の概要

SDL Trados Studio 2017に実装された新機能の一つ、SDL AdaptiveMT
についてのご紹介です。SDL Language Cloudのアカウントを作成して、
オンライン上で使用できる機械翻訳です。

SDL AdaptiveMT について

■ SDL AdaptiveMT とは

SDL Trados Studio 2017には新たに機械翻訳技術「SDL AdaptiveMT 」が実装されています。
この機能は、SDL Language Cloudを通して自分専用の機械翻訳（MT）エンジンを使用することができるものです。

翻訳に使用する用語や翻訳スタイルを機械翻訳がリアルタイムで学習し、次の分節に適用していきます。
そのため、翻訳品質がどんどんブラッシュアップされ、同じ修正を行う必要がなくなり作業効率の大幅アップが期待できます。

■ SDL AdaptiveMT 使用条件

SDL AdaptiveMT を使用する条件は以下になります。
- SDL Language Cloudのアカウントが作成してある（無償で作成可能）
- SDL Trados Studio 2017とSDL Language Cloudが接続されている（インターネットの安定した常時接続）
（SDL社資料引用）

■ SDL AdaptiveMT での翻訳作業の流れ

SDL Language Cloud上
で機械翻訳

機械翻訳された結果をもと
に、SDL Trados Studio 2017
上で翻訳作業を進める

使用された用語や翻訳
スタイルを学習し、SDL
Language Cloud上に蓄積

機械翻訳の精度が上が
り、作業効率がアップ

SDL AdaptiveMTを使用すればするほど用語や翻訳スタイルが蓄積され、機械翻訳の精度が上がります。
同じ修正を何度も行う必要がなくなり、結果的に作業効率の大幅アップが見込めます。

Section

SDL AdaptiveMT の準備

SDL AdaptiveMT を使用するための準備です。
ここから先はオンライン上での作業になりますので、インターネット
環境が必須になります。
また、「SDL ID」と「パスワード」が必要になりますので、あらかじめ
作成しておきましょう。

SDL AdaptiveMT を使用する準備

■ SDL Language Cloudにサインインする

では、実際にSDL AdaptiveMT を使用して翻訳作業を行っていきます。

まずはSDL Language Cloudにサインインしましょう。
「https://oos.sdl.com/asp/products/ssl/account/」 にアクセスし、下記のサインインウィンドウで **「SDL ID」** と **「パスワード」** を入力し、**[サインイン]をクリック**します。

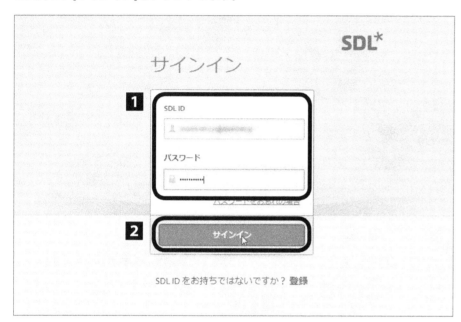

1 「SDL ID」と「パスワード」を
入力し、

2 「サインイン」をクリック。

アカウントページにサインインしました。
画面を下にスクロールします。

1 画面を下にスクロール。

43

ページ下部の**[Language Cloud]をクリック**します。

1 [Language Cloud]をクリック。

■ 表示言語を変更する

SDL Language Cloudのページが表示されました。
表示言語が英語になっていますので、これを日本語表示に変更しましょう。ページ右上の**アイコン🌐をクリック**します。

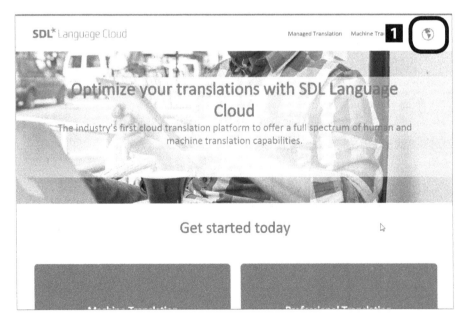

1 ページ右上のアイコン🌐をク
リック。

使用可能言語の一覧から**[日本語]をクリック**します。

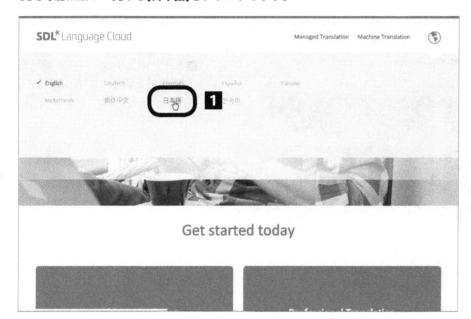

表示言語が日本語に変わりました。

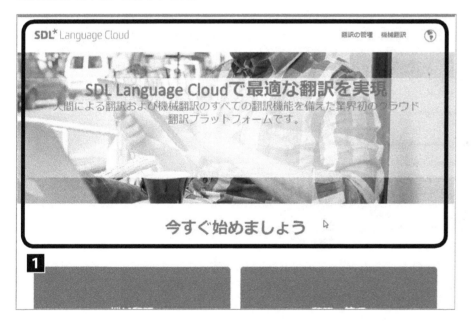

■表示言語が日本語に変更された。

■ AdaptiveMTにログイン

では実際にAdaptiveMTを使用して機械翻訳作業を行っていきます。
ページをスクロールして**[機械翻訳]**項目を表示し、**[詳細はこちら]をクリック**します。

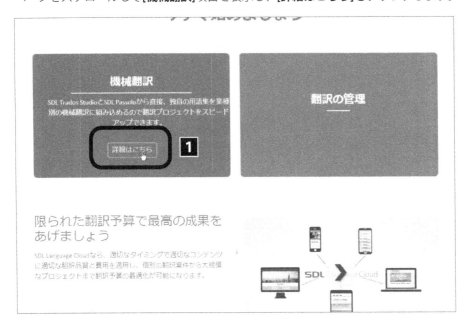

1 ページをスクロールして[機械翻訳]項目を表示、[詳細はこちら]をクリックする。

[SDL Language Cloudの機械翻訳]ページが表示されます。ページ中部右の**[ログイン]をクリック**しましょう。

1 [SDL Language Cloudの機械翻訳]ページが表示される。

2 [ログイン]をクリック。

■ SDL Translation Toolkit

ログインが完了し、「**SDL Translation Toolkit**」のダッシュボードが表示されました。例によって表示言語が英語ですので、これを日本語に変更します。

1 [SDL Translation Toolkit]のダッシュボードが表示された。

ページ右上の**アイコン⊕をクリック**し、原語一覧から**[日本語]**を選択します。

1 ページ右上のアイコン⊕をクリックし、

2 原語一覧から[日本語]を選択。

■ SDL Translation Toolkitダッシュボードで現在の状況を確認

表示原語が日本語に変更されました。

なお、ページ中部の[400,000機械翻訳文字数]項目内に「44,545　使用済み文字数」「355,455　残り文字数」、円グラフに「11.14%使用済」と表示されています。

これは現在の使用状況を表しており、翻訳済みの文字数が45,545文字、使用率が11.14%ということを意味します。

1 表示原語が日本語に変更された。

2 現在の機械翻訳の使用状況が表示される。

POINT　「Free」プランは1ヶ月に400,000文字

SDL Trados Studio 2017を所有し、無料アカウントを取得した方は自動的に「Free」プランで機械翻訳を使用できます。

「Free」プランは1ヶ月の翻訳文字数が400,000文字、使用できる用語ベースが5個までに制限されます。

また、「Free」プラン以外では「Basic」「Advanced」「Expert」「Specialist」と月額でグレードが分かれており、使用状況に見合ったプランを選ぶことが可能です。

実際のプランと月額料金を確認してみます。ページを下部までスクロールし、[Free]項目の右部をクリックします。

1 [Free]項目の右部をクリック。

現在の **「Free」** プランの内容が表示されます。

その他、各グレードごとのプランの内容、月額料金を比較することもできますので、使用状況に合ったプランを検討することが可能です。

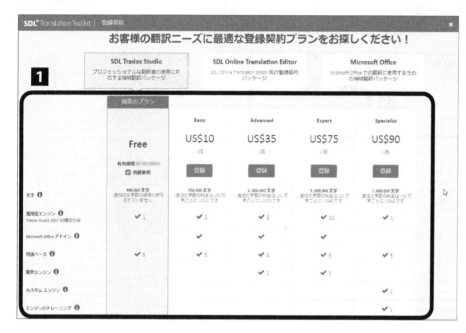

1 各グレードごとのプランの内容、月額料金を比較。

SDL Online Translation Editor

「SDL Online Translation Editor」 は、SDL Trados Studio 2017の **「エディタ」** ビューを簡素化したものをオンライン上で使用できるサービスです。

複数の翻訳者や翻訳会社が分業で翻訳作業を行う際、SDL Trados Studio 2017を所有していない翻訳者でもオンライン上で翻訳作業を行うことができます。

また、オンラインでの作業になるため、作業内容を共有することも容易になります。

なお、本マニュアルではSDL Online Translation Editorについては触れておりません。

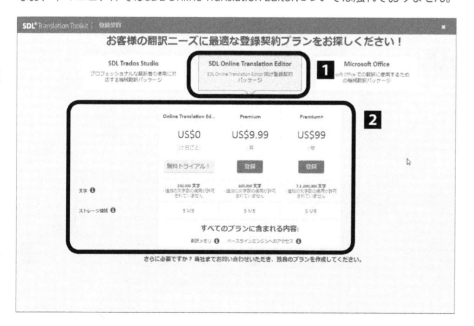

1 SDL Online Translation Editor

2 プランごとのサービス内容が比較できる。

Microsoft Office

「**Microsoft Office**」上で翻訳作業を行うことができるサービスです。
こちらも各グレードごとに内容を比較し、使用状況に合わせたプランを選択できます。
なお、本マニュアルではMicrosoft Officeについては触れておりません。

1 Microsoft Office

2 プランごとのサービス内容が比較できる。

Section

機械翻訳を使用する

準備が完了したら、実際に機械翻訳を使用していきます。
「用語ベースを作成」→「原文・訳文言語の選択」→「翻訳」という手
順がすべてオンライン上で完結します。

機械翻訳を使用

■ 原文ファイルを用意する

では、いよいよ実際に機械翻訳を使用してみます。

まず原文ファイルを用意しましょう。今回は小説**「セロ弾きのゴーシュ」**をWord化したものを機械翻訳します。

1

ゴーシュは町の活動写真館でセロを弾く係りでした。けれどもあんまり上手でないという評判でした。上手でないどころではなく実は仲間の楽手のなかではいちばん下手でしたから、いつでも楽長にいじめられるのでした。

ひるすぎみんなは楽屋に円くならんで今度の町の音楽会へ出す第六交響曲の練習をしていました。

トランペットは一生けん命歌っています。

ヴァイオリンも二いろ風のように鳴っています。

クラリネットもボーボーとそれに手伝っています。

ゴーシュも口をりんと結んで眼を皿のようにして楽譜を見つめながらもう一心に弾いています。

にわかにぱたっと楽長が両手を鳴らしました。みんなぴたりと曲をやめてしんとしました。楽長がどなりました。

「セロがおくれた。トォテテ　テテテイ、ここからやり直し。はいっ。」

みんなは今の所の少し前の所からやり直しました。ゴーシュは顔をまっ赤にして額に汗を出しながらやっといま云われたところを通りました。ほっと安心しながら、つづけて弾いていますと楽長がまた手をぱっと拍ちました。

「セロっ。糸が合わない。困るなあ。ぼくはきみにドレミファを教えてまでいるひまはないんだがなあ。」

1 小説「セロ弾きのゴーシュ」を英語化する。

■ 新規用語ベースを作成する

機械翻訳に使用する用語ベースを用意します。

ダッシュボードを下にスクロールし、**[使用中の用語ベース数:0/5]項目の右部+をクリック**します。

なお、「使用中の用語ベース数:0/5」と表示されているように「Free」プランでは用語ベースを5個まで作成できます。

1 [使用中の用語ベース数:0/5]項目の右部+をクリック。

「用語ベース」ページに移動します。
ページ右上部にある**[新規用語ベース]をクリック**します。

1 ページ右上部の[新規用語ベー
ス]をクリック。

「新規用語ベースウィザード」が起動します。
「名前」（必須）、**「説明」**（任意）、**「著作権」**（任意）を入力して**[進む]をクリック**します。
今回は「名前」を**「ゴーシュ jp-en」**、「説明」「著作権」は空欄としました。

1「名前」（必須）、「説明」（任意）、
「著作権」（任意）を入力し、
2[進む]をクリック。

「**言語**」項目で使用言語を選択します。

ここでは**原文言語、訳文言語を同時に選択**することになります。まずはプルダウンメニューから原文言語[**日本語**]を選択します。

1「言語」項目で使用言語を選択。
　プルダウンメニューから[日本語]を選択する。

続いて、同項目から訳文原語[**英語**]を選択します。

1訳文原語[英語]選択する。

原文原語**[日本語]**、訳文原語**[英語]**が選択されたことを確認して**[終了]をクリック。**

1 原文原語[日本語]、訳文原語[英語]が選択されたことを確認して、

2 [終了]をクリック。

「用語ベース」のトップページに戻ります。
新規用語ベース**「ゴーシュ jp-en」**が作成されました。

1 「用語ベース」のトップページに戻る。

2 新規用語ベース「ゴーシュ jp-en」が作成された。

■ 用語エントリをインポートする

空の用語ベース「**ゴーシュ jp-en**」が作成されたので、続いてこの用語ベースに用語エントリをインポートしていきます。あらかじめインポート用にエクセルファイルで用語エントリを用意しておきます。今回は「**ゴーシュ _jp-en.xlsx**」のファイル名で保存しています。

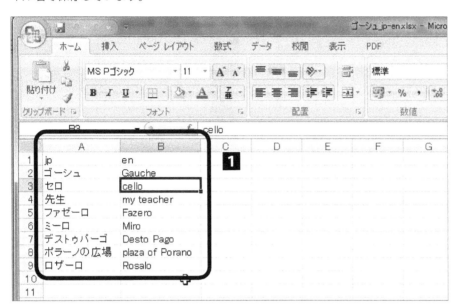

1 インポート用のエクセルファイル「ゴーシュ _jp-en.xlsx」を用意する。

POINT　1行目は必ず言語名に使用する

エクセルでインポート用の用語エントリを作成する際、必ず1行目は言語名を任意で入れてください。ここに言語名が入っていないと、インポートがうまくいきませんのでご注意ください。
今回は日本語を「jp」、英語を「en」としています。

エクセルファイルが用意できましたので、インポート作業に入ります。
用語ベース名「ゴーシュ jp-en」の左に**チェック**☑を入れてください。

1 用語ベース名の左にチェック☑を入れる。

その状態のまま**[インポート]をクリック**します。

1 [インポート]をクリック。

「ファイルのアップロード」 ウィンドウが表示されますので、右下の**[ファイルの選択]をクリック**します。

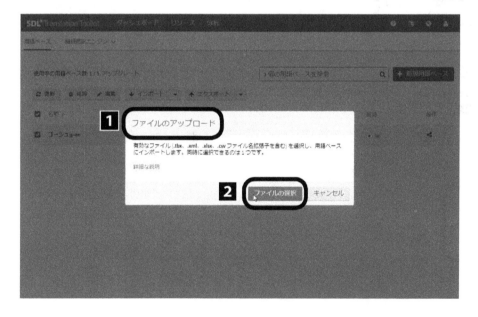

1 「ファイルのアップロード」ウィンドウが表示される。

2 [ファイルの選択]をクリック。

作成したインポート用のエクセルファイル**「ゴーシュ _jp-en.xlsx」** を選択して**[開く]をクリック**します。

1 インポート用のエクセルファイル「ゴーシュ _jp-en.xlsx」を選択し、

2 [開く]をクリック。

「用語ベースのインポート」 ウィンドウが表示されます。

一番左の **「列」** 項目に **「A」「B」**、二番目の項目に **「jp」「en」** と表示されています。これがインポートした**エクセルファイルのA列とB列の1行目に入力した言語名**に当たります。

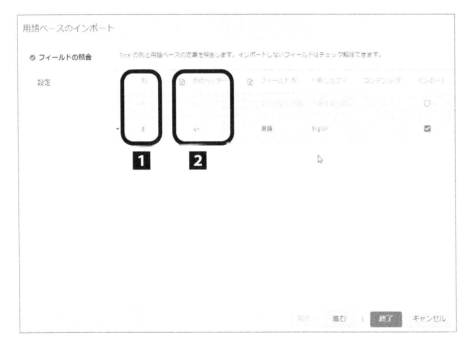

1 一番左の「列」項目に「A」「B」、

1 二番目の項目に「jp」「en」とある。これがインポートしたエクセルファイルのA列とB列の1行目に入力した言語名に当たる。

「**フィールドターゲット**」項目の表示が[**エントリレベル**]になっていますので、プルダウンメニューから[**言語**]を選択しましょう。

1 「フィールドターゲット」項目をプルダウンして[言語]を選択。

続いて「**一致したフィールド**」項目のプルダウンメニューから[**Japanese**]を選択します（ここは使用言語によって変わります）。

1 「一致したフィールド」項目をプルダウンして[Japanese]を選択。

「**列のヘッダー**」「**フィールドターゲット**」「**一致したフィールド**」各項目が適切に選択されていることを確認後、右部の「**インポート**」項目に両方**チェック**☑を入れて**[終了]をクリック**します。

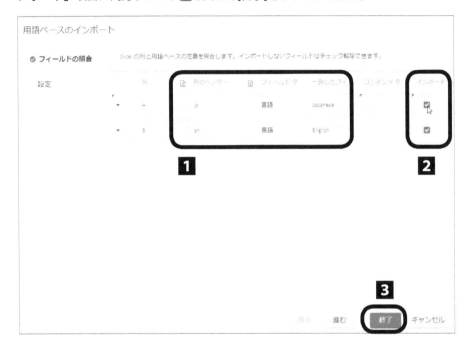

1 各項目が適切に選択されていることを確認して、

2 「インポート」項目にチェック☑を入れる。

3 [終了]をクリック。

再度「**ファイルのアップロード**」ウィンドウが表示されますが、今度は右上部に「**インポートは、正常に実行キューに入りました。**」と表示されています。
用語エントリが正常に用語ベースにインポートされましたので、**[キャンセル]をクリック**してウィンドウを閉じます。

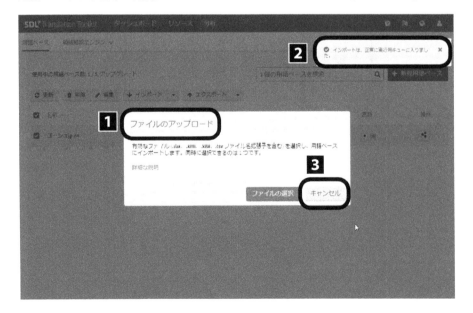

1 「ファイルのアップロード」ウィンドウが表示される。

2 「インポートは、正常に実行キューに入りました。」と表示されている。

3 [キャンセル]をクリックしてウィンドウを閉じる。

■ インポートされた用語エントリを確認する

インポートされた用語エントリを確認してみましょう。
一覧に表示された用語ベース名（ここでは「**ゴーシュ jp-en**」）をクリックして開きます。

1 一覧に表示された用語ベース名
をクリックする。

インポートした用語エントリが一覧されます。
また、左上部のプルダウンメニューで言語の切り替え（今回は「**English**」と「**Japanese**」）ができます。

1 インポートされた用語エントリ
が一覧される。

2 プルダウンメニューで言語の切
り替えができる。

61

用語エントリの一覧から確認したいエントリをクリックすると、登録された用語エントリがペアで表示されます。
なお、ここではプルダウンメニューから**「Japanese」**を選択しているので、「Japanese」が一番上に表示されます。

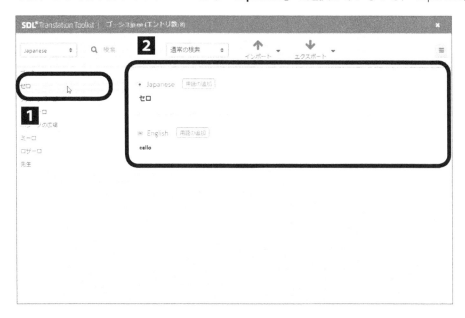

1 用語エントリー覧から確認した
いエントリをクリック。

2 登録済みのエントリがペアで表
示される。

同様に用語エントリの一覧から確認したいエントリをクリックして、用語エントリのペアを確認します。

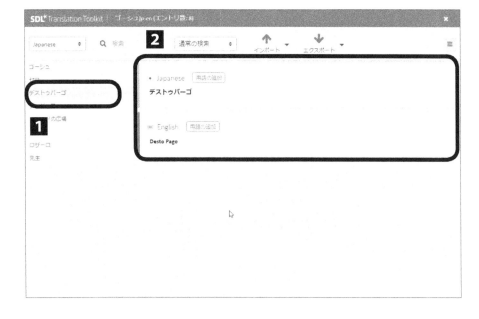

1 用語エントリー覧から確認した
いエントリをクリック。

2 登録済みのエントリのペアを確
認する。

■ 用語ベースを操作する

続いて用語ベースを操作する方法です。
用語エントリの右部 をクリックすると、登録した用語エントリを変更できます。

1 用語エントリの右部 をクリックすると、登録した用語エントリを変更できる。

用語エントリがテキストボックス化され、入力が可能な状態になりました。変更後、右部 をクリックすると内容が確定されます。

1 用語エントリが入力可能な状態になる。

2 右部 をクリックして内容を確定する。

用語エントリを検索することも可能です。
ページ上部の🔍に検索したい言葉を入れると、該当する用語エントリが表示されます。

■1 ページ上部の🔍に検索したい言
葉を入れると

■2 検索結果が一覧表示される。

[インポート]をクリックすると、新たな用語エントリを追加することができます。

■1 新たな用語エントリを追加する
場合は[インポート]をクリック。

「**ファイルのアップロード**」ウィンドウが表示されますので、右下の**[ファイルの選択]をクリック**してインポート用のファイルを選択してください。
なお、インポートの手順は**P.56**と同様です。

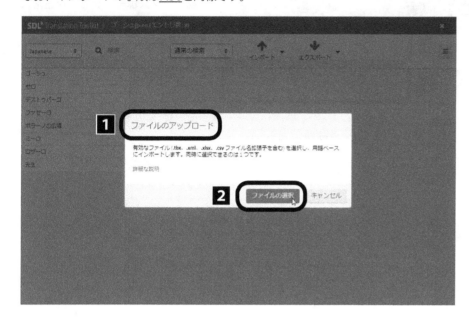

1「ファイルのアップロード」ウィンドウが表示される。

2[ファイルの選択]をクリック。

■ 現在の用語エントリをエクスポートする

現在の用語エントリをエクスポートすることも可能です。
[エクスポート]をクリックして、書き出し形式を**TBX**、**XML**、**CSV**、**XLSX**の中から選択します。
今回はCSV形式でエクスポートしてみます。

1[エクスポート]をクリック。

2 書 き 出 し 形 式 をTBX、XML、CSV、XLSXの中から選択。

「**エクスポートジョブが正常に作成されました。**」と表示されたことを確認して、「**ファイルのダウンロード準備が完了しま
した**」の下にある**[ファイルのダウンロード]をクリック**します。

1 「エクスポートジョブが正常に
作成されました。」の表示を確
認し、

2 [ファイルのダウンロード]をク
リック。

ダウンロードしたCSVファイルをエクセルで開きました。
各用語エントリにIDが付与されていることがわかります。

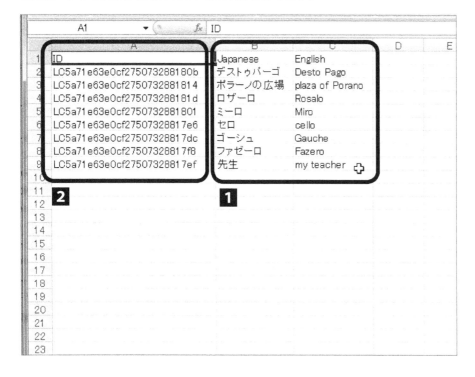

1 ダウンロードしたCSVファイル
をエクセルで確認。

2 各用語エントリにIDが付与され
た。

今度はダウンロードしたCSVファイルをテキストエディタで開きました。問題なく用語エントリがエクスポートされていることが確認できました。

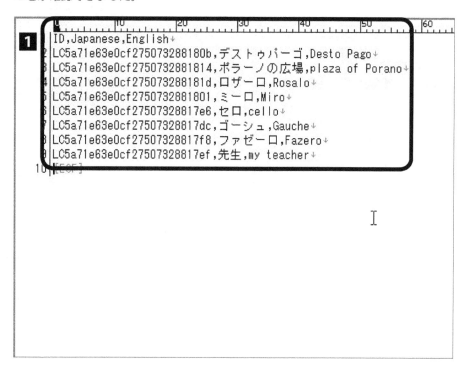

1 ダウンロードしたCSVファイルをテキストエディタで確認。

■ ダッシュボードに戻り、使用状況を確認する

一通りの作業が終わったら、ダッシュボードに戻ります。
[使用中の用語ベース数]の項目が「**0/5**」→「**1/5**」に変わっています。使用できる用語ベースの数を1つ消費したことを表します。

1 [使用中の用語ベース数]の項目が「0/5」→「1/5」に変わった。

機械翻訳で実際の翻訳を実行

■ 直接入力で機械翻訳

新規用語ベースが用意できましたので、いよいよ機械翻訳を実行します。**[テキストと文書の翻訳を開始する]**項目の右部にある**[翻訳]をクリック**します。

1 [テキストと文書の翻訳を開始する]項目の右部にある、

2 [翻訳]をクリック。

下記のウィンドウが表示されます。

左下部に機械翻訳したい文章を直接打ち込むと、右下部のウィンドウに翻訳結果が表示されます。

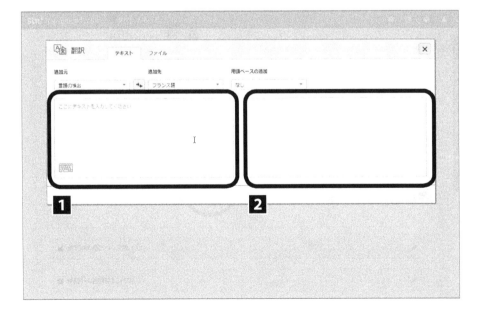

1 機械翻訳したい文章を直接打ち込む。

2 翻訳結果が表示される。

まず使用言語を選択します。

「追加元」項目下部の**[言語の検出]をクリック**し、原文言語を選択します。

同様に**「追加先」**項目下部から訳文言語を選択します。

今回は原文言語を**「日本語」**、訳文言語を**「英語」**としています。

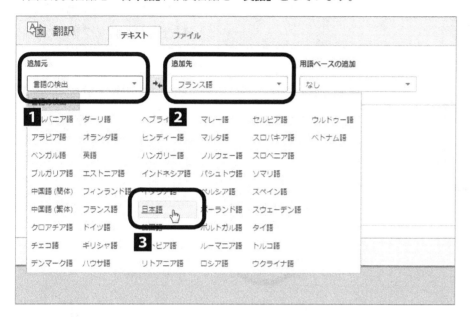

■1 「追加元」項目下部の[言語の検出]をクリックし、原文言語を選択。

■2 「追加先」項目下部から訳文言語を選択。

■3 今回は原文言語を「日本語」、訳文言語を「英語」に設定。

続いて用語ベースを選択します。

「用語ベースの追加」項目下部をクリックし、プルダウンメニューから作成した用語ベース（今回は**「ゴーシュ jp-en」**）を選択します。

■1 作成した用語ベース「ゴーシュ jp-en」を選択。

■ 直接入力で機械翻訳

原文言語「**日本語**」、訳文言語「**英語**」、用語ベース「**ゴーシュ jp-en**」。

機械翻訳の準備ができましたので、左下部のウィンドウに翻訳したい文章を入力し、右下部の**[翻訳]をクリック**します。

1 翻訳したい文章を入力し、
2 右下部の[翻訳]をクリック。

機械翻訳の結果が表示されました。

1 翻訳結果が表示された。

■ アップロードしたファイルを機械翻訳

次は、アップロードした原文ファイルを機械翻訳する手順です。ここでは、あらかじめ用意しておいた原文ファイル「**セロ弾きのゴーシュ_jp.docx**」を使用します。
まずは上部の**[ファイル]タブをクリック**してファイル選択タブを表示します。

1 [ファイル]タブをクリック。

左部の**[ファイルを選択します]をクリック**します。
もしくは、このウィンドウ上に**原文ファイルをドラッグ**しても構いません。

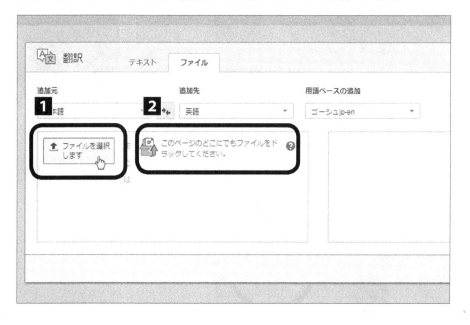

1 [ファイルを選択します]をクリック。

2 原文ファイルをドラッグしても可。

アップロード用の原文ファイル（今回は「**セロ弾きのゴーシュ _jp.docx**」）を選択し、**[開く]をクリック**します。

1 アップロード用の原文ファイル
　　を選択し、

2 [開く]をクリック。

選択したファイルが正常にアップロードされたことを確認して、右下部の**[翻訳]をクリック**します。

1 ファイルが正常にアップロード
　　されたことを確認し、

2 右下部の[翻訳]をクリック。

機械翻訳がスタートします。
文章量や接続状況によって、完了までの時間が多少前後します。

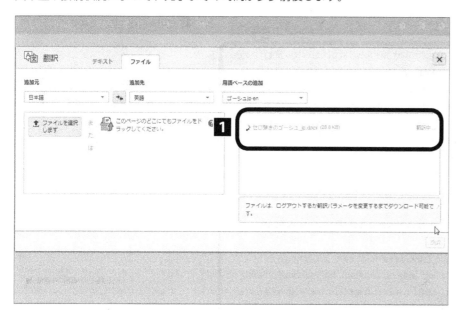

■機械翻訳がスタートする。

機械翻訳が完了すると「**翻訳中…**」の表示が🔽に変わり、翻訳済みファイルをダウンロードできる状態になります。

■アイコンが🔽に変わり、翻訳済みファイルをダウンロードできる状態になる。

ダウンロードしたファイルを開きました。
機械翻訳で英語化されています。

1

The activities of the town hall in Gauchephototo play the cellodid not involve. Yet not so good reputation. In fact, not far not good at ease in the hands of the fellow was poor at best, at any time, so easy to be bullied length from.

If everyone is having too much in a dressing room does not turn out to the sixth meeting of the town's music was the symphony of exercise.

A TRUMPET for a lifetime is singing life test.

The two-color violin also sounds like the wind.

With the help of the baud baud and it is also the bass clarinet.

Gauchewith mouth and eyes in the forest as well as in the dish and played another mind while looking to the music notation.

Suddenly two hands reach out and easier to ring at the length. Do you want to stop all songs. Easy was shouting at length.

Thecellois retarded. The Palazzo Te te te te Teira, again from here. Is Coming.

Everybody is now a little bit of the plant was again from the previous station. Gaucheface-to-face is red on the forehead while sweat to the point where it was now to say I finally was as follows. Hot peace of mind while playing and continued the length is also a quick and easy hand was beat.

In thecello. Do not thread. I wish I broke. I have a tacit understanding with what are

1 機械翻訳によって英語化された。

翻訳が完了したので、右上部の☒**をクリック**してウィンドウを閉じます。

1 ☒をクリックしてウィンドウを
閉じる。

■ 残りの翻訳可能文字数を確認する

ダッシュボードに戻ります。

[400,000機械翻訳文字数]の項目を見ると、

- 「**使用済み文字数**」が**44,545→56,418**
- 「**残り文字数**」が**355,455→343,582**
- 円グラフの「**使用済**」が**11.14%→14.10%**

に変化しています。

一連の機械翻訳によって、残りの翻訳可能文字数が減少したことがわかります。

1 [400,000機械翻訳文字数]の項目
を見ると、

2 「使用済み文字数」が
44,545→56,418

「残り文字数」が
355,455→343,582

円グラフの「使用済」が
11.14%→14.10%

に変化している。

Section

新規プロジェクトにSDL Language Cloudを使用

ここでは翻訳メモリの代わりにSDL Language Cloudを使用して新規プロジェクトを作成します。機械翻訳で蓄積された内容をSDL Trados Studio 2017上で使用する手順になります。

77　SDL Language Cloudの機械翻訳でプロジェクトを作成する

SDL Language Cloudの機械翻訳でプロジェクトを作成する

■ SDL Language Cloudで新規プロジェクトを作成する

ここでは、SDL Trados Studio 2017の「**エディタ**」ビューでSDL Language Cloudの機械翻訳を使用する手順をご紹介します。

まず、SDL Language Cloudの機械翻訳を使用して新規プロジェクトを作成します。
「**名前**」項目にプロジェクト名（今回は「**セロ弾きのゴーシュ jp-en**」）を入力し、保存場所を決めて**[次へ]をクリック**します。

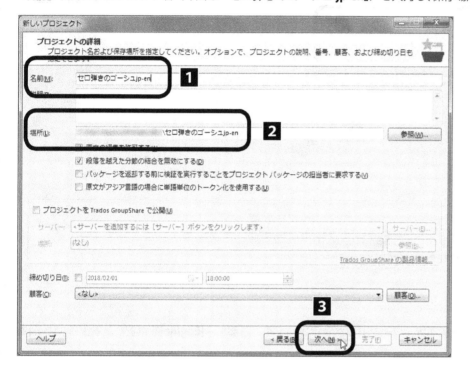

1「名前」項目にプロジェクト名
　 を入力し、

2 保存場所を決めて、

3 [次へ]をクリック。

原文ファイル「**セロ弾きのゴーシュ _jp-en.docx**」を追加し、**[次へ]をクリック**します。

1 原文ファイルを追加し、

2 [次へ]をクリック。

「**翻訳メモリと自動翻訳**」ウィンドウまで進み、ウィンドウ中部の**[使用]をクリック**。プルダウンメニューから**[SDL Language Cloudの機械翻訳]**を選択します。

1「翻訳メモリと自動翻訳」ウィンドウ。

2 中部の[使用]をクリックし、プルダウンメニューから[SDL Language Cloudの機械翻訳]を選択。

■ 適用型エンジンを作成する

「**AdaptiveMTテクノロジを使用した機械翻訳**」ウィンドウが表示されます。左部から**[Engine]**を選択し、右上部にある**[適用型エンジンの管理]をクリック**します。

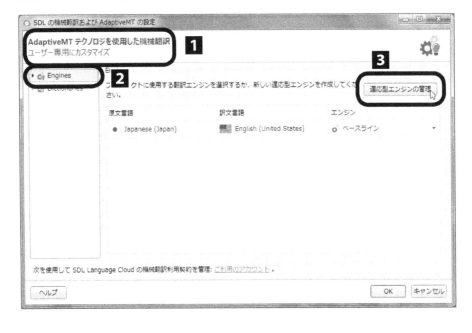

1「AdaptiveMTテクノロジを使用した機械翻訳」ウィンドウ。

2 左部から[Engine]を選択し、

3 右上部にある[適用型エンジンの管理]をクリック。

再び「**SDL Translation Toolkit**」のダッシュボードに移動します。
ページ中部にある[**使用中の適用型エンジン:0/1]をクリック**します。

■ 再びダッシュボードにアクセス
される。

■ [使用中の適用型エンジン:0/1]を
クリック。

ウィンドウ右部にある[**新しい適応型エンジン]をクリック**します。

■ [新しい適応型エンジン]をク
リック。

- 「エンジン名（ここでは「ゴーシュ engine_jp-en」）
- 「原文言語（ここでは「Japanese（Japan）」）
- 「訳文言語（ここでは「English（English）」）

をそれぞれ入力し、**[OK]をクリック**します。

■「エンジン名」「原文言語」「訳文言語」をそれぞれ入力し、

②[OK]をクリック。

POINT　適応型の機械翻訳

「新しい適応型エンジン」は、AdaptiveMT機能を使用する際に設定する機械翻訳エンジンです。
翻訳者が行った修正内容を「学習」し、次の分節でその修正内容を自動的に反映することができます。
従来の翻訳エンジンでは、同じ修正を何度も繰り返し行う必要がありましたが、適応型エンジンが編集内容をリアルタイムで「学習」するので、それ以降の翻訳作業の手間が大幅に軽減されます。

上記で作成したのは、これから翻訳作業を進めるための「何も学習していない状態」の翻訳エンジンです。
つまりこの機能を使うと、案件ごと、クライアントごとに用語や言い回しの違いを別々の適応型エンジンに「学習」させ、案件ごと、クライアントごとに使い分けることが可能になります。

なお、残念ながら「Free」プランで作成できる適応型エンジンは一つまでです。

「新しい適応型エンジン」（今回は「**ゴーシュ engine_jp-en**」）が作成されました。
[**閉じる]をクリック**してウィンドウを閉じます。

1 「新しい適応型エンジン」が作成された。

2 [閉じる]をクリック。

[**エンジン]をクリック**してプルダウン、作成した「**ゴーシュ engine_jp-en**」を選択し、[**OK]をクリック**します。

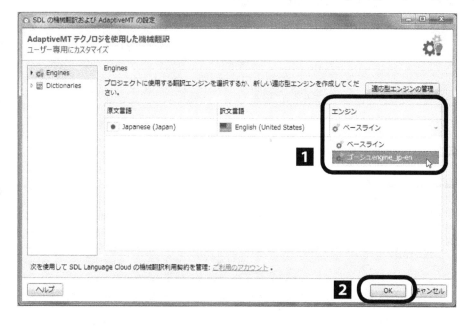

1 作成した「ゴーシュ engine_jp-en」を選択。

2 [OK]をクリック

■ ファイル共有タイプの翻訳メモリを併用する

AdaptiveMT機能と併用して、通常のファイル共有タイプの翻訳メモリをプロジェクトに追加することも可能です。
[使用]をクリックして、**[ファイル共有タイプの翻訳メモリ]**を選択します。

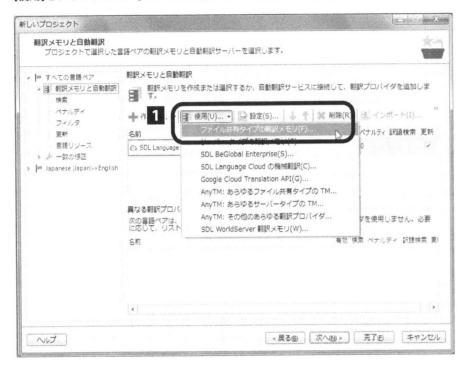

1 [使用]をクリックして、[ファイル共有タイプの翻訳メモリ]を選択。

プロジェクトに**ファイル共有タイプの翻訳メモリ**（今回は「**jp-en.sdltm**」）が追加されました。

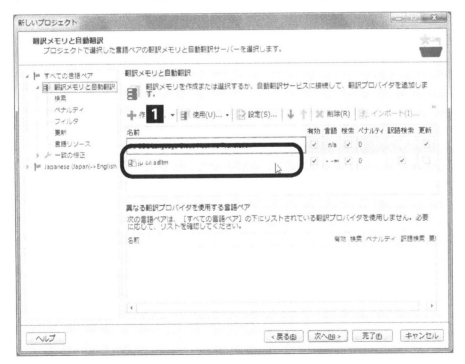

1 ファイル共有タイプの翻訳メモリが追加された。

上下の順番を変えることも可能です。**[上に移動]🔼をクリック**すると、「**jp-en.sdltm**」が一番上に移動します。

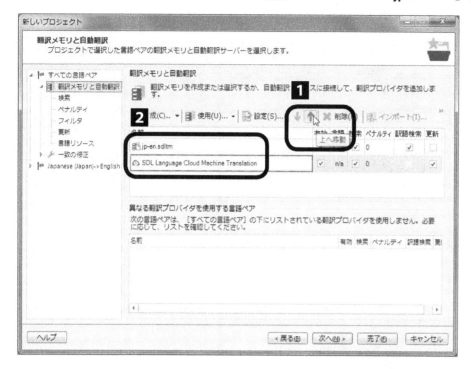

■[上に移動]🔼をクリックして順番を変える。

■「jp-en.sdltm」が一番上に移動した。

なお、今回はファイル共有タイプの翻訳メモリは使用しませんので、**[削除]❎をクリック**して「**jp-en.sdltm**」をプロジェクトから削除しておきます。

■[削除]❎をクリックし、

■[はい]をクリックして「jp-en.sdltm」をプロジェクトから削除する。

■ プロジェクト作成を完了する

メモリ一覧からファイル共有タイプの翻訳メモリが削除されたことを確認して**[次へ]をクリック**します。

1 ファイル共有タイプの翻訳メモ
リが削除されたことを確認し、

2 [次へ]をクリック。

今回は用語ベースは使用しませんので、何もせずに**[次へ]をクリック**します。

1 [次へ]をクリック。

[次へ]をクリックします。

1 [次へ]をクリック。

今回はプロジェクト用TMを使用せずにプロジェクトを作成することにします。

「連続タスク」項目で**[プロジェクト用TMなしで準備]**を選択し、**[次へ]をクリック**します。

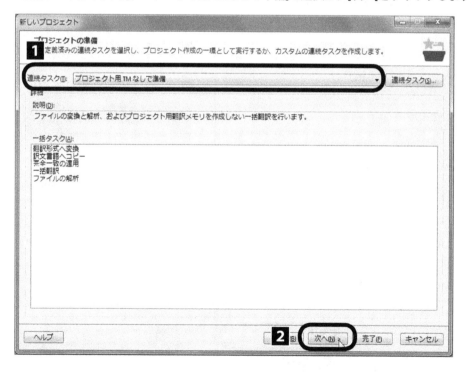

1 「連続タスク」項目で[プロジェクト用TMなしで準備]を選択し、

2 [次へ]をクリック。

[次へ]をクリックします。

■ [次へ]をクリック。

■ upLIFT機能の設定

「**プロジェクトの概要**」ウィンドウまで進んだら、**upLIFT機能**の設定もしておきましょう。
[プロジェクトの設定]をクリックします。

■ 「プロジェクトの概要」ウィンドウまで進み、

■ [プロジェクトの設定]をクリック。

[TUのフラグメント]にチェック☑を入れ、「一致の最小単語数」項目、「**一致に含める最小重要単語数」**項目ともに数値を「**5」**
に変更しました。

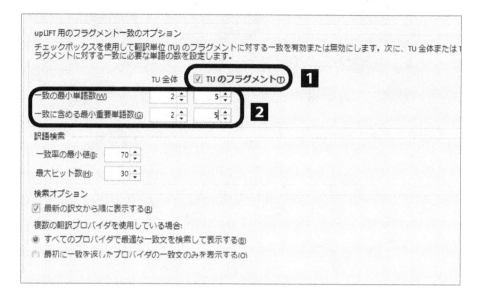

1 [TUのフラグメント]にチェック
を入れ、

2 [一致の最小単語数」項目と「一
致に含める最小重要単語数」項
目を「5」に変更。

■ 新規プロジェクト作成を完了する

「**プロジェクトの概要」**ウィンドウに戻り、内容を確認して**[完了]をクリック**します。

1 「プロジェクトの概要」ウィン
ドウに戻り、

2 内容を確認後、[完了]をクリック。

プロジェクトの作成が実行されます。

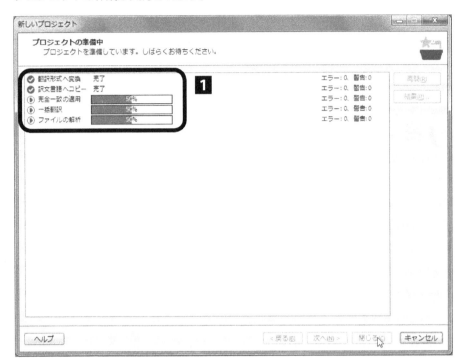

■1 プロジェクトの作成が実行。

プロジェクトの作成が正常に完了したことを確認して**[閉じる]をクリック**します。

■1 プロジェクトの作成が完了した
　ことを確認し、

■2 [閉じる]をクリック。

新規プロジェクト**「セロ弾きのゴーシュ jp-en」**が作成されました。

1 新規プロジェクトが作成された。

Chapter 3

新機能を利用して翻訳作業を進める

Section

SDL Language Cloud の機械翻訳を使用した翻訳作業

前章で作成した新規プロジェクトを使用して、実際の翻訳作業を進めていきます。適用型の翻訳エンジンに過去の翻訳内容を「学習」させ、徐々に翻訳の精度を高めながらの作業になります。

実際の翻訳作業を進める

■ 通常通りに翻訳作業を開始する

新規プロジェクトが作成できましたので、ここからは実際にSDL Language Cloudの機械翻訳を使用して翻訳作業を進めていきます。

と言っても、進め方は通常の翻訳メモリを使用する場合と同様です。

1番目の分節にカーソルを移動すると、**「翻訳結果」** ウィンドウに機械翻訳の結果が表示されます。なお、この翻訳結果は**P.08**でSDL Language Cloud上で**アップロードしたファイルを機械翻訳した際に蓄積されたもの**になります。

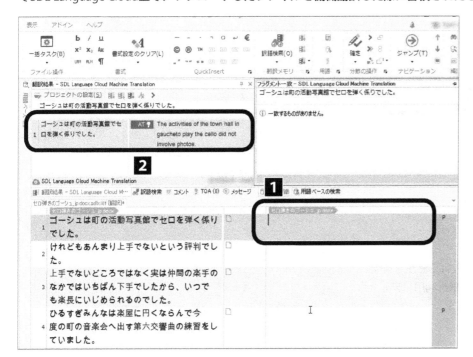

1 1番目の分節にカーソルを移動。

2 「翻訳結果」ウィンドウに機械翻訳の際に蓄積された結果が表示される。

[翻訳結果の適用📖]をクリックして翻訳結果を挿入します。

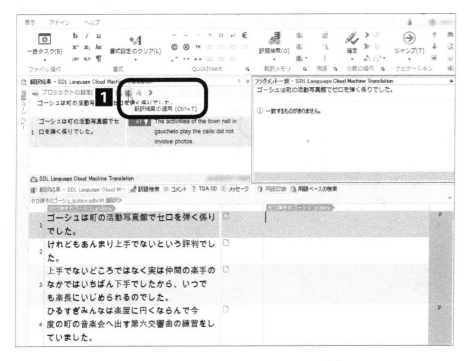

1 [翻訳結果の適用📖]をクリック。

翻訳結果が挿入されました。

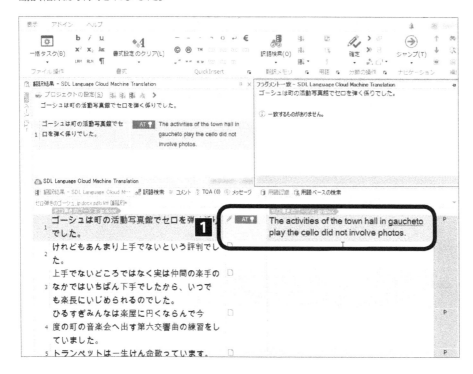

1 翻訳結果が挿入された。

「gauche」と「to」の間にスペースを入れて修正します。
予測変換が一覧で表示されますので、適宜利用しましょう。

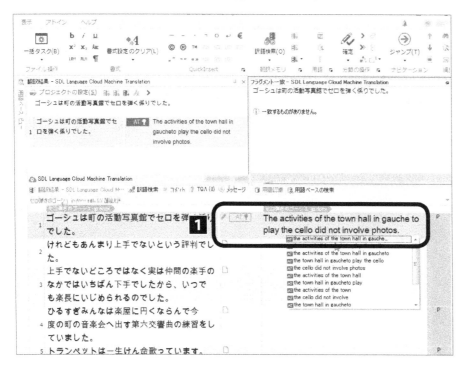

1 分節を修正する。

■ 用語を確認する

P.52で作成した用語ベースの用語が使用されているかを確認します。3番目の用語を見ると、日本語「セロ」、英語「cello」となっています。

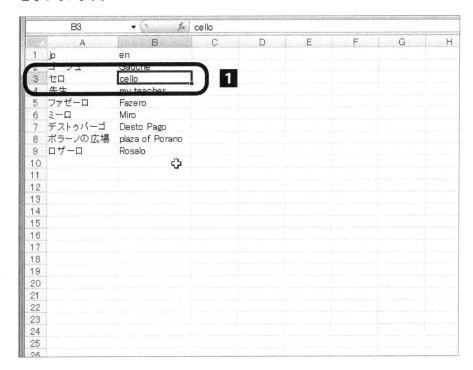

1 用語ベースの用語が使用されているかを確認。

問題なく用語が使用されていることがわかります。

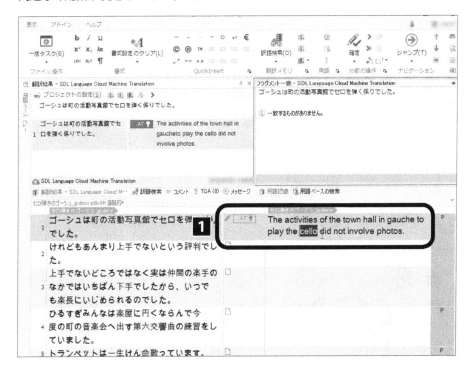

1 用語ベースの用語が使用されている。

自動翻訳に学習させる

■ 単語の翻訳を変更する

続いて適用型の翻訳エンジンの学習機能を使用してみます。
ここでは「**仲間**」という単語が「**fellow**」と訳されています。この単語の変更内容を翻訳エンジンに学習させてみましょう。

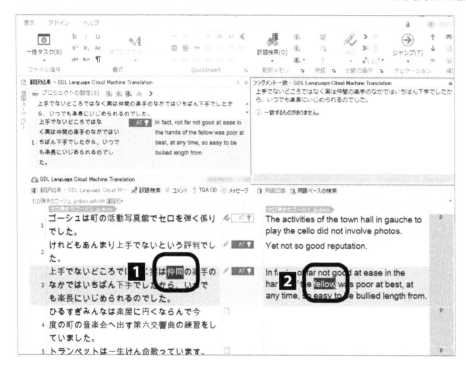

1 「仲間」という単語が、

2 「fellow」と訳されている。

「**fellow**」→「**fellowman**」に変更しました。

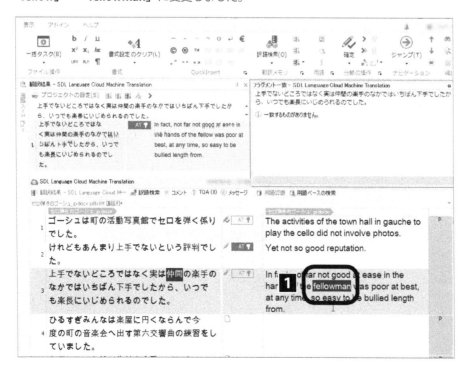

1 「fellow」→「fellowman」に変更。

ここでは「**companion**」と訳されています。

こういった不統一を解消するのにも、適用型の翻訳エンジンの学習機能は役に立ちます。

■ここでは「companion」と訳されている。

「**companion**」→「**fellowman**」に変更しました。

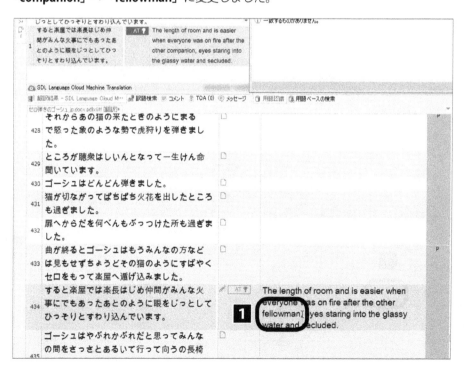

■「companion」→「fellowman」に変更。

今度は「**Friends**」です。やはり機械翻訳の結果をそのまま使用するのは難しそうです。

1 ここでは「Friends」と訳されている。

「**Friends**」→「**Fellowman**」（頭文字を大文字）に変更します。

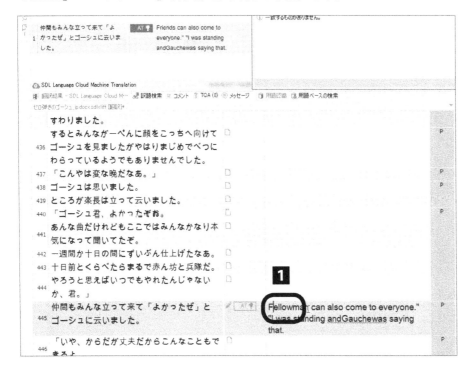

1 「Friends」→「Fellowman」に変更。

■ 作業済みの分節を削除する

適用型の翻訳エンジンの学習機能の確認のために、**変更を加えた分節をいったん削除**しましょう。

該当分節の任意の場所を**右クリック→[訳文分節のクリア]をクリック**します。

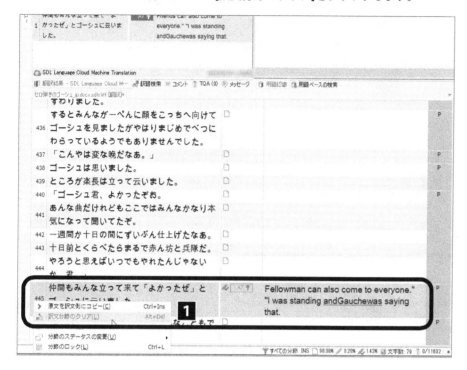

1 該当分節の任意の場所を右クリック→[訳文分節のクリア]をクリック。

同様に、該当分節の任意の場所を**右クリック→[訳文分節のクリア]をクリック**で訳文分節を削除します。

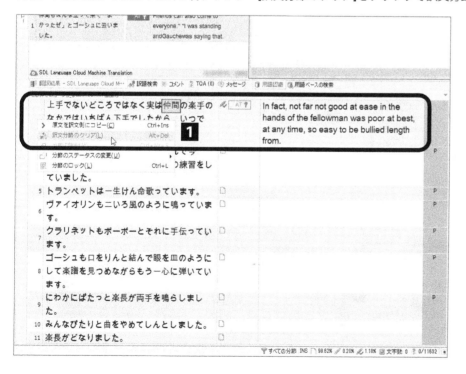

1 該当分節の任意の場所を右クリック→[訳文分節のクリア]をクリック。

該当分節の任意の場所を**右クリック→[訳文分節のクリア]をクリック**で訳文分節を削除します。

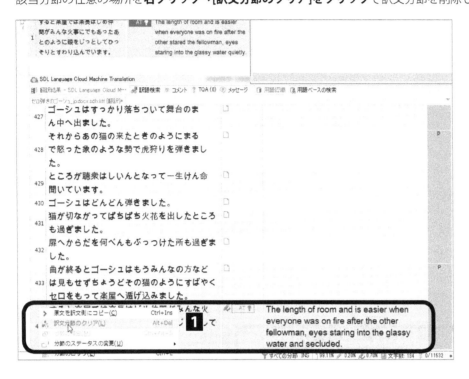

1 該当分節の任意の場所を右クリック→[訳文分節のクリア]をクリック。

■ 再び該当箇所にカーソルを合わせる

一通り削除が完了したら、もう一度該当分節にカーソルを合わせて翻訳結果を呼び出します。
すると、今回は「**仲間**」の翻訳が「**fellowman**」に変更されたものが呼び出されています。適用型の翻訳エンジンの学習機能がしっかり働いたことがわかります。

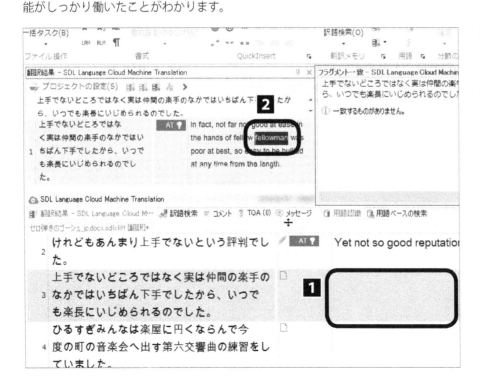

1 もう一度該当箇所にの分節カーソルを合わせて翻訳結果を呼び出す。

2 「仲間」の翻訳が「fellowman」に変更されている。

この分節もしっかりと「**fellowman**」に変更されています。決定して次に進みます。

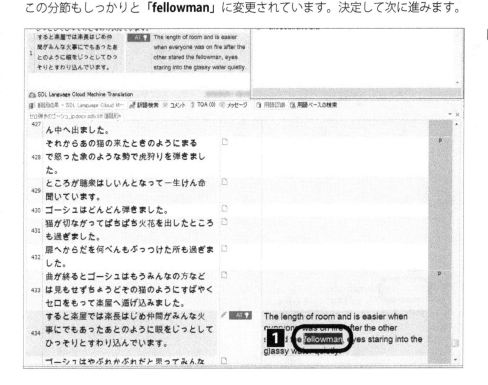

■ちゃんと「fellowman」に変更
　されている。

ところが、この分節は「**Friends**」のままです。
頭文字が大文字なので、「**fellowman**」と「**Fellowman**」は**別物**と判断されたようです。

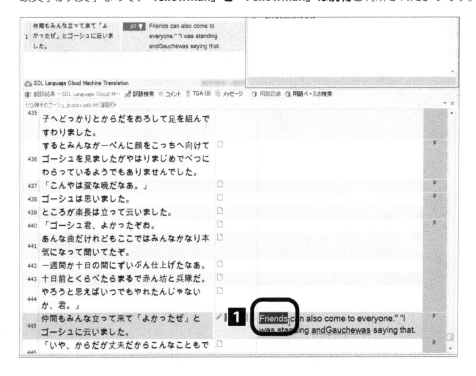

■頭文字が大文字なので別物と判
　断された。

改めて「**Friends**」→「**Fellowman**」に変更しておきます。

■1改めて「Friends」→「Fellowman」
に変更。

POINT　適用型の翻訳エンジンの学習機能が働くタイミングはまちまち

適用型の翻訳エンジンの学習機能が働くタイミングはまちまちです。
今回のように数回の修正で学習することもあれば、もっと数多くの修正を繰り返さなくてはならない場合もあります。
該当の単語や文章がどれくらいの頻度で使用されているかによって、適用型の翻訳エンジンの学習機能の精度やタイミングも変わります。

■ 別の単語でも試してみる

別の単語でも同様に適用型の翻訳エンジンの学習機能を試してみます。この分節では **「ホール」** という単語が **「hole」** と訳されています。

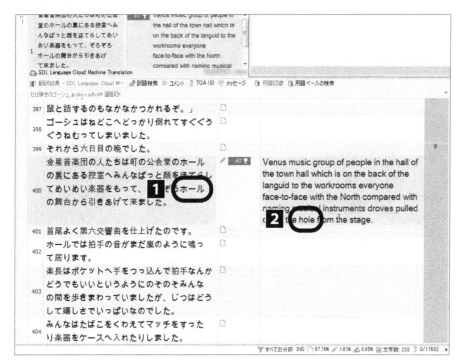

1 「ホール」という単語が、

2 「hole」と訳されている。

「hole」 → **「hall」** に変更します。

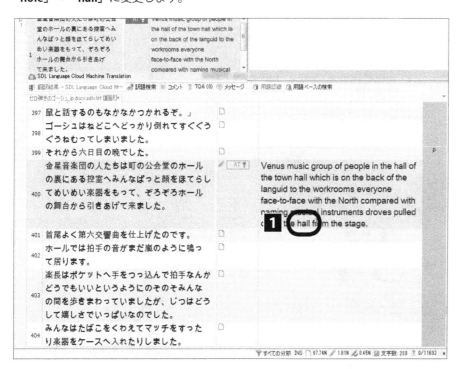

1 「hole」→「hall」に変更。

次の分節では「**hall**」と訳されていたので、そのまま決定します。

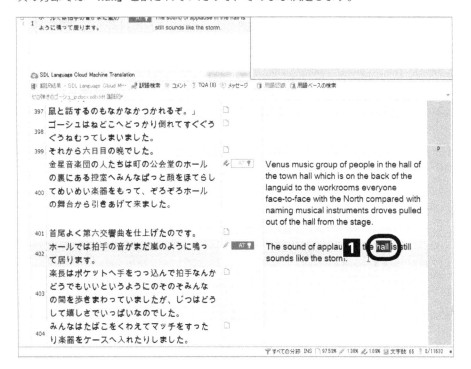

1 問題なく「hall」と訳されていた。

この分節でも「**Hall**」と訳されていました（頭文字大文字）。

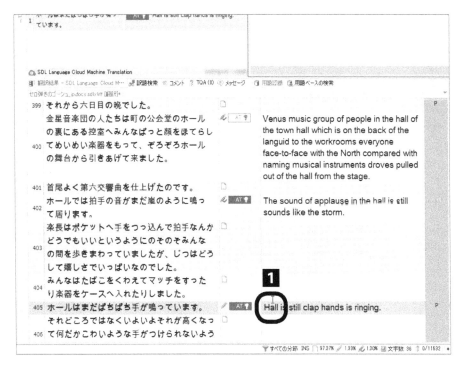

1 「Hall」と訳されていた。

文書内で「**ホール**」が使われているのはこの3箇所だけでしたので、先ほどと同じようにいったん訳文分節を削除します。
該当分節の任意の場所を**右クリック→[訳文分節のクリア]をクリック**しましょう。
なお、ここでは**shiftキー**を押しながら複数の分節を選択しています。

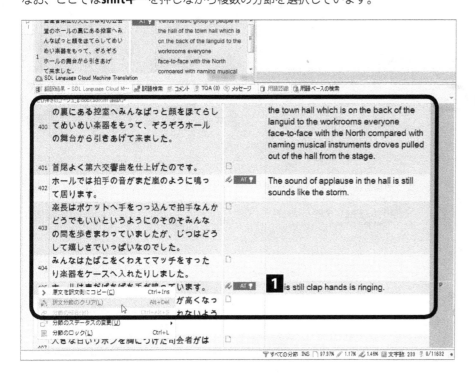

1 訳文分節をいったん削除する。

再び該当箇所にの分節カーソルを合わせて翻訳結果を呼び出します。今度は「**hall**」と訳されています。
文書内での使用頻度が低い場合、修正回数も少なく済むことがわかりました。

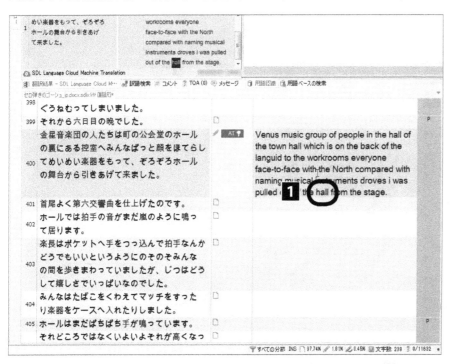

1 「hall」と訳されている。

用語ベースに用語エントリを追加する

■適用型の翻訳エンジンの学習機能を利用して修正作業を進める

続いて、修正作業を進めながら用語ベースに用語エントリを追加する手順をご紹介します。
ここでは「**楽長**」の翻訳を「**chief**」として翻訳結果を修正していきます。
この分節では「**length**」となっていますので、「**chief**」に修正します。

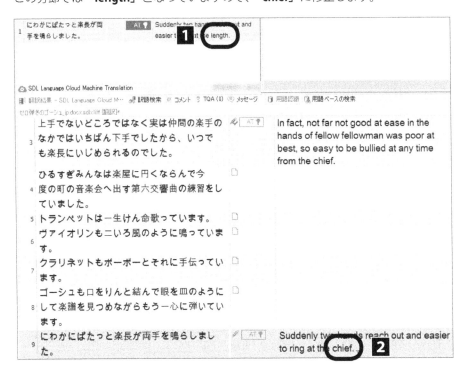

1 現状「length」となっているので、
2 「chief」に修正する。

こちらも「**length**」→「**chief**」に修正します。

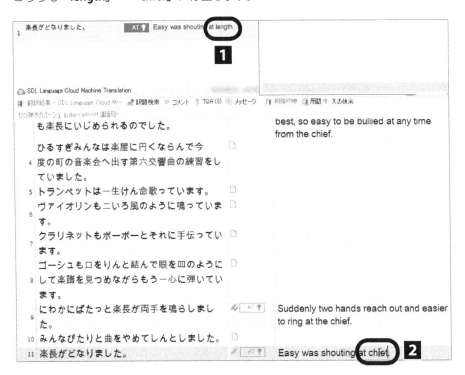

1 ここも「length」となっている
ので、
2 「chief」に修正する。

こちらも「**length**」→「**chief**」に修正します。

1 「length」を、

2 「chief」に修正する。

同様に「**length**」→「**chief**」に修正します。

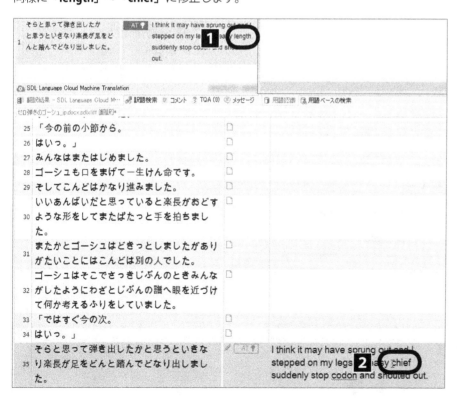

1 「length」を、

2 「chief」に修正する。

いったん訳文分節を削除します。

shiftキーを押しながら複数の分節を選択して、**右クリック→[訳文分節のクリア]をクリック**しましょう。

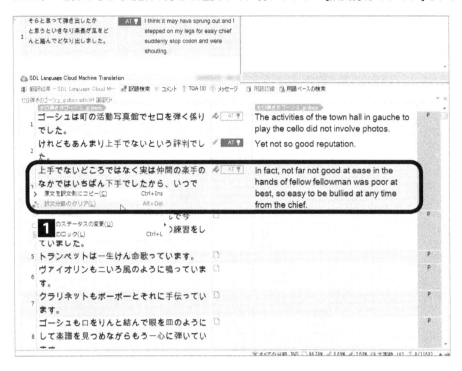

1 shiftキーを押しながら複数の分節を選択して、右クリック→[訳文分節のクリア]をクリックする。

再度、該当分節にカーソルを移動し、翻訳結果を確認します。

今度は**「楽長」**の翻訳が**「chief」**となっています。

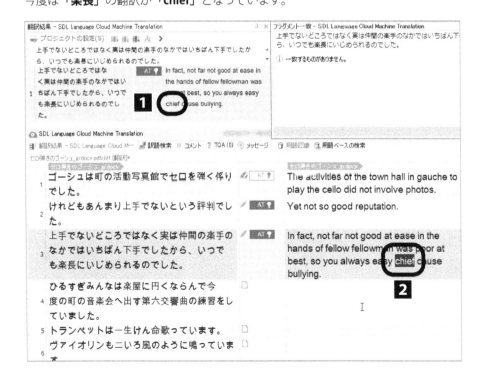

1 該当分節にカーソルを移動し、翻訳結果を確認。

2 「楽長」の翻訳が「chief」となっている。

同様に該当分節にカーソルを移動し、翻訳結果を確認します。
ここも**「楽長」**の翻訳が**「chief」**となっています。

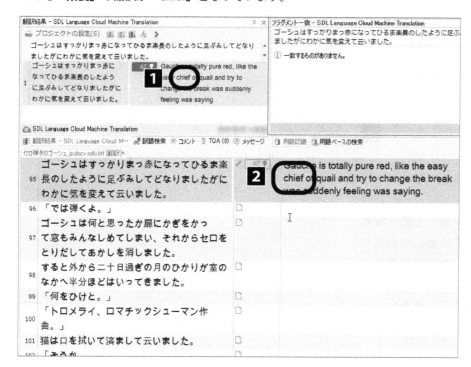

1 該当分節にカーソルを移動し、翻訳結果を確認。

2 「楽長」の翻訳が「chief」となっている。

続いて、次の該当分節にカーソルを移動し、翻訳結果を確認します。
ですが、ここでは**「楽長」**の翻訳が**「Easy to slip」**となっています。

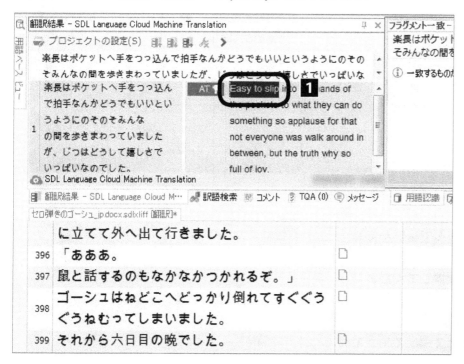

1 「楽長」の翻訳が「Easy to slip」となっている。

ここでは**「楽長」**の翻訳が**「Easy length」**となっています。

■ 「 楽 長 」 の 翻 訳 が「Easy length」となっている。

今度は**「Easy chief」**です。
文書内に「楽長」が使われている箇所が多いため、数カ所の修正では足りないようです。
こういう場合は、用語ベースに用語エントリを追加した方が効率的です。

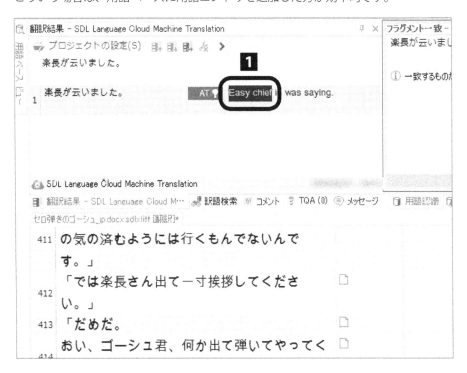

■ 「楽長」の翻訳が「Easy chief」となっている。

ダッシュボードで用語ベースを操作する

用語ベースに新しい用語エントリを追加します。
まずは「**SDL Translation Toolkit**」のダッシュボードにアクセスし、**[使用中の用語ベース数:1/5]項目の右部[+]をクリック→
使用中の用語ベース（ここでは「ゴーシュ jp-en」）をクリック**します。

1 ダッシュボードに移動し、使用
中の用語ベースをクリック。

ウィンドウ右部の[≡]をプルダウンし、**[新しいエントリ]をクリック**します。

1 ウィンドウ右部の[≡]をプルダウ
ンし、[新しいエントリ]をクリッ
ク。

用語エントリの追加画面が表示されますので、まずは「**Japanese**」側の**[用語の追加]をクリック**して新しい用語エントリを入力していきます。

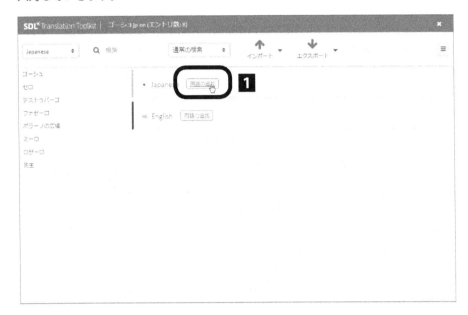

1 「Japanese」側の[用語の追加]をクリック。

「**Japanese**」側のテキストボックスに「**楽長**」と入力し、■**をクリック**して確定します。
次は「**English**」側の**[用語の追加]をクリック**します。

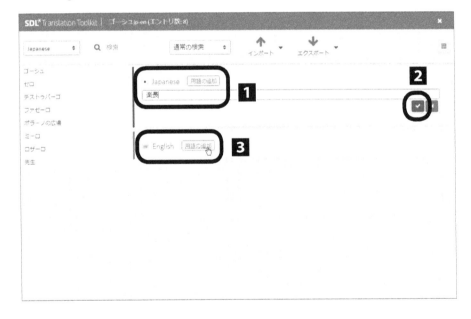

1 「Japanese」側のテキストボックスに「楽長」と入力し、

2 ■をクリックして確定。

3 「English」側の[用語の追加]をクリック。

「**English**」側のテキストボックスに「**chief**」と入力し、☑**をクリック**して確定します。

1 「English」側のテキストボック
スに「chief」と入力し、

2 ☑をクリックして確定。

新しい用語エントリ（Japanese「**楽長**」、English「**chief**」）が追加されました。

1 新しい用語エントリが追加され
た。

改めて翻訳作業を再開する

■ 用語を確認しながら翻訳作業を再開

用語ベースに新しい用語エントリを追加したら、SDL Trados Studio 2017に戻り、翻訳作業を再開します。
再び翻訳結果を呼び出すと、**「学長」**の翻訳が**「chief」**になっていることが確認できました。訳文分節を確定して進みます。

1 「学長」の翻訳が「chief」になっている。

2 訳文分節を確定。

この分節でもちゃんと**「chief」**が使われていますが、よく見ると「chief」と「was」がくっついています。また、「chief」の頭文字も小文字のままです。こういった部分を微調整していきます。

1 「chief」と「was」がくっついている。また、頭文字も小文字のまま。

「**chiefwas**」→「**Chief was**」に修正（「chief」と「was」の間にスペースを挿入し、頭文字を大文字に変更）して、分節を確定します。

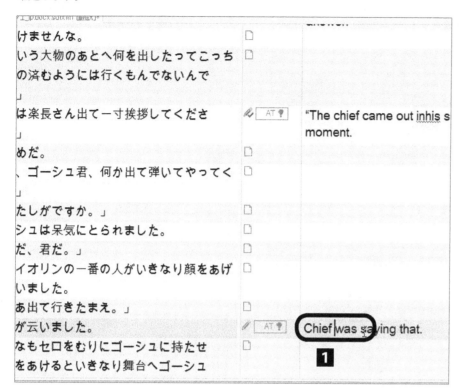

1 分節を修正して確定。

ここでも用語はちゃんと使われていますが、「chief」と「was」の間のスペースがありません。

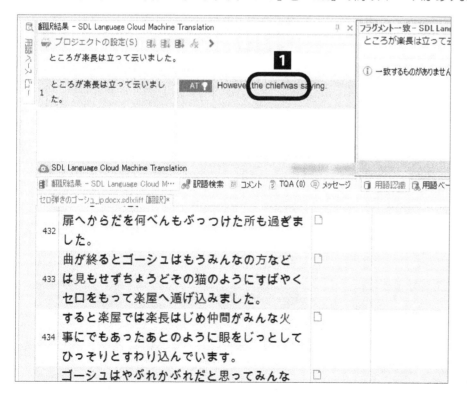

1 「chief」と「was」の間のスペースがない。

115

分節を修正し、確定して次に進みます。

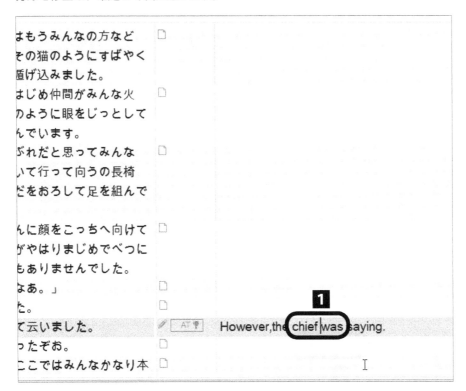

1 分節を修正して次に進む。

この分節も同様です。用語はちゃんと使われていますが、「chief」と「was」の間のスペースがありません。

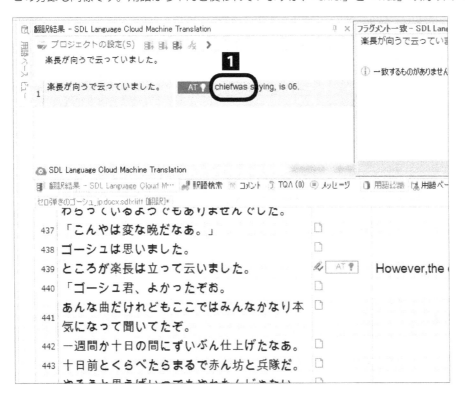

1 「chief」と「was」の間のスペースがない。

分節を修正して確定します。

多少修正を要しましたが、用語ベースに追加した用語エントリがしっかり使われていることが確認できました。

1 分節を修正して確定。

日本語		英語
もありませんでした。	🗋	
なあ。」	🗋	
た。	🗋	
て云いました。	✎ AT	However,the chief was saying.
ったぞお。	🗋	
ここではみんなかなり本	🗋	
ぞ。		
ずいぶん仕上げたなあ。	🗋	
まるで赤ん坊と兵隊だ。	🗋	
でもやれたんじゃない	🗋	
来て「よかったぜ」と	✎ AT	Fellowman can also come to everyone." "I was standing andGauchewas saying that.
た。		
夫だからこんなこともで	🗋	
しまうからな。」	🗋	**1**
いました。	✎ AT	Chief was saying, is 05.
は自分のうちへ帰っ	🗋	

また、いったん削除した分節の翻訳内容も、翻訳エンジンの学習機能に蓄積されていますので、作業を再開する際にはその内容も反映されます。

このように、状況に応じて適用型の翻訳エンジンの学習機能と用語ベースを使い分けることが可能です。

Section

機械翻訳と翻訳メモリを併用する

ここでは適用型の翻訳エンジンの学習機能と翻訳メモリを併用して翻訳作業を進めていきます。同時に、1章で紹介したupLIFT機能やupLIFT Fuzzy Repairも使用します。

適用型の翻訳エンジンの学習機能と翻訳メモリの併用

■ プロジェクトに翻訳メモリを追加する

次は適用型の翻訳エンジンの学習機能と翻訳メモリを併用して、適切な翻訳結果を選択しながら作業を進めていきます。

まず、プロジェクトに翻訳メモリを追加しましょう。
[ホーム]タブ→[プロジェクトの設定]をクリックします。

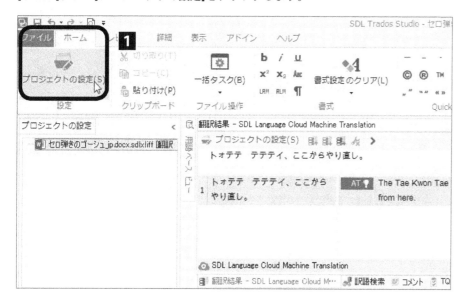

1 [ホーム]タブ→[プロジェクトの
設定]をクリック。

ツリーメニュー **[言語ペア]→[すべての言語ペア]→[翻訳メモリと自動翻訳]をクリック**します。「**翻訳メモリと自動翻訳**」項
目の**[使用]をクリック**し、プルダウンメニューから**[ファイル共有タイプの翻訳メモリ]をクリック**します。

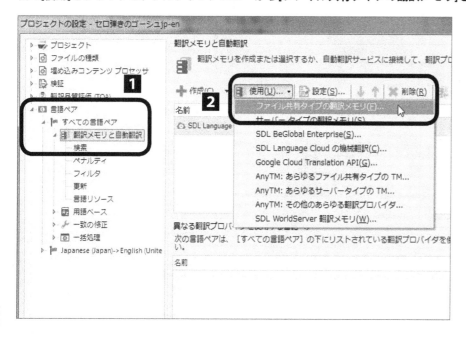

1 ツリーメニュー [言語ペア]→[す
べての言語ペア]→[翻訳メモリ
と自動翻訳]をクリック。

2 [使用]→プルダウンメニューか
ら[ファイル共有タイプの翻訳メ
モリ]をクリック。

既存の翻訳メモリ（今回は「**jp-en.sdltm**」）を選択し、**[開く]をクリック**します。

1 既存の翻訳メモリを選択し、

2 [開く]をクリック。

選択した翻訳メモリがプロジェクトに追加されたことを確認して、**[OK]をクリック**します。

1 翻訳メモリがプロジェクトに追加されたことを確認し、

2 [OK]をクリック。

■ 適用型の翻訳エンジンの学習機能と翻訳メモリを併用して翻訳作業を進める

適用型の翻訳エンジンの学習機能と翻訳メモリを併用した状態で空白の分節をクリックすると、**翻訳エンジンでの翻訳結果**と**翻訳メモリでの翻訳結果**の両方が表示されます。
またこの場合、翻訳メモリでの翻訳結果が自動的に分節に挿入されます。
[次の一致結果の選択]🔢をクリックすると、1つ下（ここでは翻訳エンジンでの翻訳結果）の翻訳結果を選択することができます。

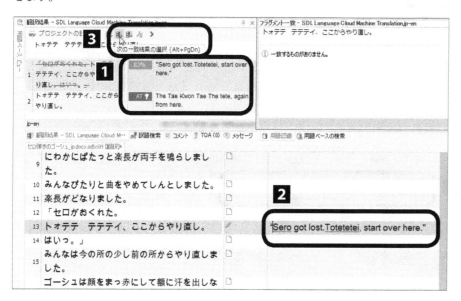

1 翻訳エンジンでの翻訳結果と翻訳メモリでの翻訳結果の両方が表示される。

2 自動的に翻訳メモリでの翻訳結果が分節に挿入される。

3 [次の一致結果の選択]🔢をクリックすると、1つ下の翻訳結果を選択。

翻訳エンジンでの翻訳結果が分節に挿入されました。

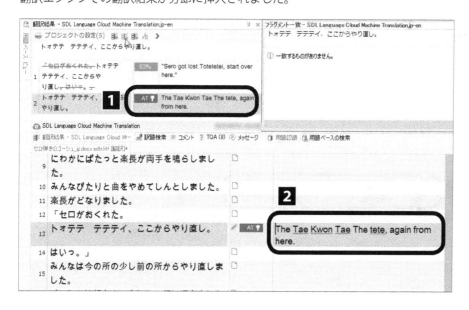

1 翻訳エンジンでの翻訳結果が分節に挿入された。

この分節では翻訳メモリ内に完全一致が見つかりました。
一致率100%で自動的に挿入されます。

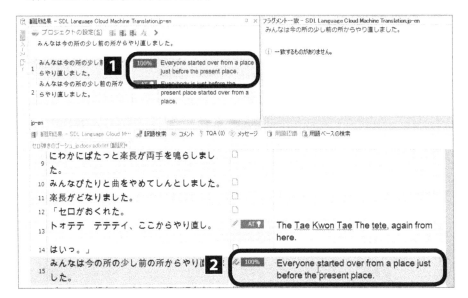

1 翻訳メモリ内に完全一致が見つかった。

2 一致率100%で自動的に挿入される。

翻訳エンジンでの翻訳結果を選択したり、適宜分節を修正しながら作業を進めます。

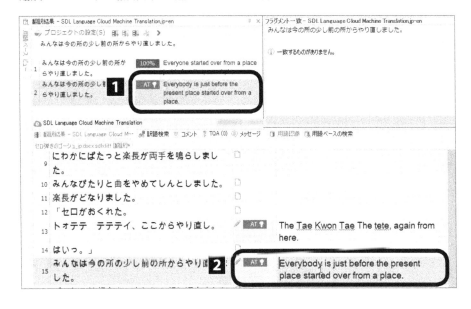

1 翻訳エンジンでの翻訳結果を選択。

2 適宜分節を修正しながら作業を進める。

■ いったん一括翻訳を実行する

今回は翻訳メモリ内に完全一致の分節が多数あるので、このまま作業を進めても非効率です。
いったん**一括翻訳**で完全一致の分節を挿入し、残った分節だけを翻訳することにしましょう。
[一括タスク]→[一括翻訳]をクリックします。

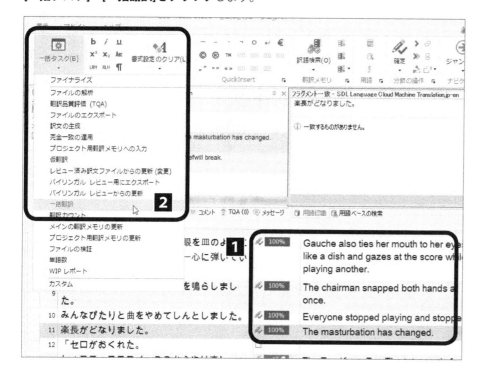

1 メモリ内に完全一致の分節が多数見つかったので、

2 [一括タスク]→[一括翻訳]をクリックで完全一致の分節をすべて挿入する。

一括翻訳が完了すると、下記のアラートが表示されますので**[はい]をクリック**します。

1 [はい]をクリック。

一括翻訳によって完全一致の分節が挿入、ロックされました。
この状態で、残った分節のを翻訳進めていきます。

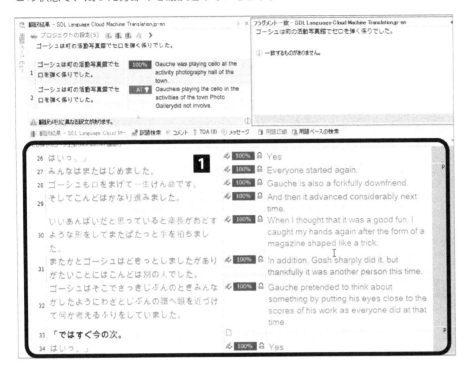

1 一括翻訳によって完全一致の分節が挿入、ロックされた。

upLIFT機能、SDL AdaptiveMT機能、翻訳メモリを併用しての翻訳作業

■ 翻訳作業を再開する

upLIFT機能、SDL AdaptiveMT機能、翻訳メモリが併用できる状態になりましたので、再び翻訳作業を進めていきます。
ここでは翻訳エンジン内に翻訳結果が見つかり、なおかつupLIFT機能による使用例も提示されています。
使用例を参考に翻訳結果を修正し、分節に挿入します。

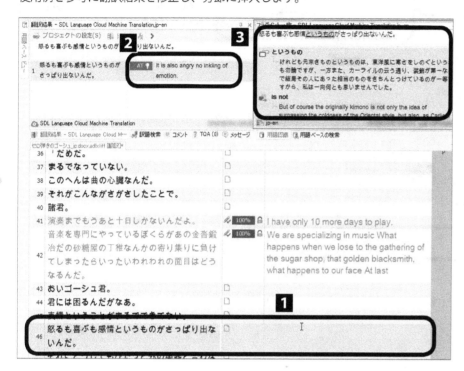

1 この分節では、

2 翻訳エンジン内に翻訳結果が見つかり、

3 upLIFT機能による使用例も提示された。

この分節では、翻訳メモリ内にある90%一致の翻訳結果の候補が自動的に挿入されています。
同時にupLIFT機能による使用例も見つかりました。必要があれば適宜修正していきましょう。

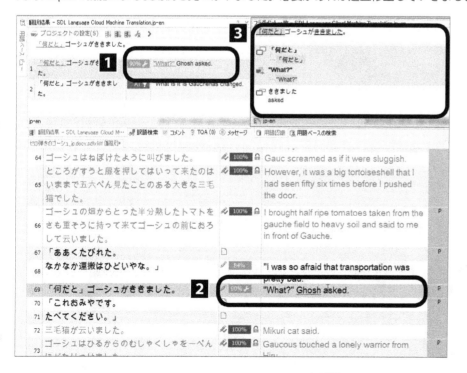

1 翻訳メモリ内に90%一致の翻訳結果の候補が見つかった。

2 自動的に挿入された。

3 upLIFT機能による使用例も提示された。

先ほどと同様、翻訳エンジン内に翻訳結果が見つかり、同時にupLIFT機能による使用例も提示されました。使用例を参考に翻訳結果を修正後、分節に挿入しましょう。

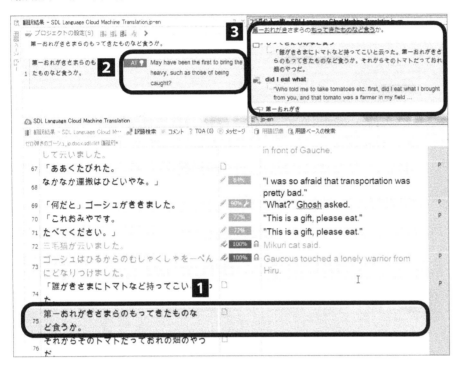

1 この分節では、

2 翻訳エンジン内に翻訳結果が見つかった。

3 upLIFT機能による使用例も提示された。

このようにupLIFT機能、SDL AdaptiveMT機能、翻訳メモリを併用することで、臨機応変かつ効率的に翻訳作業を進めることが可能になります。

アンケートにご協力ください

このたびは『SDL Trados Studio 2017 upLIFT & AdaptiveMT Manual』をお買い上げいただきまことにありがとうございます。
私たち、「個人出版支援のFrentopia」では日々お客さまのご要望にお応えするための情報収集を行っております。
つきましては、大変お手数ではございますが下記URLよりアクセスいただき、1分程度の簡単なアンケートにご協力いただけると幸いです。

→http://www.frentopia.com/qa/

今後ともどうぞよろしくお願いします。

SDL Trados Studio 2017 upLIFT & AdaptiveMT Manual

2018年4月17日　初版第1刷発行

著　者　　佐藤一平
発行者　　佐藤一平
発行責任者　住所等連絡先
　　　　　　〒194-0021
　　　　　　東京都町田市中町1-26-14-ボヌール鈴田407
　　　　　　http://frentopia.com
　　　　　　Mail: info@frentopia.com
　　　　　　TEL: 042-850-9694
印刷・製本　CreateSpace

万一、落丁乱丁のある場合は送料負担でお取り替えいたします。
上記記載の住所までお送りください。

免責事項：
本書ではできる限り、正確な情報を掲載するように努力していますが、掲載内容の正確性・安全性については保証するものではありません。本書の情報を利用した結果につきまして、当方は一切の責任を負いません。